Kauderwelsch
Band

Impressum

Nancy Silva, Wolfgang Falkenberg
Spanisch für Ecuador – Wort für Wort
erschienen im
REISE KNOW-HOW Verlag Peter Rump GmbH
Osnabrücker Str. 79, D-33649 Bielefeld
info@reise-know-how.de

5. neu bearbeitete Auflage 2008

Bearbeitung & Layout Claudia Schmidt
Layout-Konzept Günter Pawlak, FaktorZwo! Bielefeld
Umschlag Peter Rump
Kartographie Iain Macneish
Fotos Ecuadorianische Zentrale für Tourismus, www.visitecuador.de
Druck und Bindung Fuldaer Verlagsanstalt GmbH & Co. KG, Fulda

ISBN 978-3-89416-297-9
Printed in Germany

Dieses Buch ist erhältlich in jeder Buchhandlung der BRD, Österreichs, der Schweiz und der Benelux. Bitte informieren Sie Ihren Buchhändler über folgende Bezugsadressen:
BRD Prolit GmbH, Postfach 9, 35461 Fernwald (Annerod) sowie alle Barsortimente
Schweiz AVA-buch 2000, Postfach 27, CH-8910 Affoltern
Österreich Mohr Morawa Buchvertrieb GmbH
Sulzengasse 2, A-1230 Wien
Belgien & Niederlande Willems Adventure, www.willemsadventure.nl
direkt Wer im Buchhandel kein Glück hat, bekommt unsere Bücher zuzüglich Porto- und Verpackungskosten auch direkt über unseren Internet-Shop: **www.reise-know-how.de**
Zu diesem Buch ist ein **Tonträger** erhältlich, ebenfalls in jeder Buchhandlung der BRD, Österreichs, der Schweiz und der Benelux-Staaten.
Der Verlag möchte die **Reihe Kauderwelsch** weiter ausbauen und **sucht Autoren**! Mehr Informationen finden Sie auf unserer Internetseite
www.reise-know-how.de/rkh_mitarbeit.php

Kauderwelsch

Nancy Silva
Wolfgang Falkenberg

Spanisch für Ecuador

Wort für Wort

Kauderwelsch-Sprechführer sind anders!

Warum? Weil sie Sie in die Lage versetzen, wirklich zu sprechen und die Leute zu verstehen.

Wie wird das gemacht? Abgesehen von dem, was jedes Sprachbuch bietet, nämlich Vokabeln, Beispielsätze etc., zeichnen sich die Bände der Kauderwelsch-Reihe durch folgende Besonderheiten aus:

Die **Grammatik** wird in einfacher Sprache so weit erklärt, dass es möglich wird, ohne viel Paukerei mit dem Sprechen zu beginnen, wenn auch nicht gerade druckreif.

Alle Beispielsätze werden doppelt ins Deutsche übertragen: zum einen **Wort-für-Wort**, zum anderen in „ordentliches" Hochdeutsch. So wird das fremde Sprachsystem sehr gut durchschaubar. Denn in einer fremden Sprache unterscheiden sich z. B. Satzbau und Ausdrucksweise recht stark vom Deutschen. Ohne diese Übersetzungsart ist es so gut wie unmöglich, schnell einzelne Wörter in einem Satz auszutauschen.

Die **Autorinnen** und **Autoren** der Reihe sind Globetrotter, die die Sprache im Land selbst gelernt haben. Sie wissen daher genau, wie und was die Leute auf der Straße sprechen. Deren Ausdrucksweise ist nämlich häufig viel einfacher und direkter als z. B. die Sprache der Literatur oder des Fernsehens.

Besonders wichtig sind im Reiseland **Körpersprache, Gesten, Zeichen** und **Verhaltensregeln**, ohne die auch Sprachkundige kaum mit Menschen in guten Kontakt kommen. In allen Bänden der Kauderwelsch-Reihe wird darum besonders auf diese Art der nonverbalen Kommunikation eingegangen.

Kauderwelsch-Sprechführer sind keine Lehrbücher, aber viel mehr als Sprachführer! Wenn Sie ein wenig Zeit investieren und einige Vokabeln lernen, werden Sie mit ihrer Hilfe in kürzester Zeit schon Informationen bekommen und Erfahrungen machen, die „taubstummen" Reisenden verborgen bleiben.

Inhalt

Grammatik

Vorwort

Der Vielvölkerstaat Ecuador mit seiner Inselwelt Galápagos zeigt landschaftlich scharfe regionale Kontraste. Auf einem Raum, der kleiner ist als die heutige Bundesrepublik Deutschland, durchwandert man in Ecuador Klima- und Vegetationszonen, die sich normalerweise nur auf einer Reise um die halbe Welt offenbaren. Die Bewohner haben sich diesen Lebensbedingungen angepasst, und in Indiodörfern auf den bunten Märkten und Festen bekommt der Besucher Einblicke in Traditionen und Kulturen der neuen Welt. Der Tourismus im nördlichen Südamerikastaat floriert, und vor allem Galápagos mit seiner einzigartigen Tier- und Pflanzenwelt lockt viele Menschen aus allen Teilen der Erde hierher. Auf dem Festland dagegen kann man noch nicht von Massentourismus sprechen: Es gibt noch unendlich viele Städte und Dörfer, in denen eine Verständigung nur über die Landessprache funktioniert. Jeder Reisende wird schnell feststellen, dass er nicht mehr wie der „normale" Tourist als **Gringo** angesehen wird, wenn er sich um die spanische Sprache bemüht. Abgesehen davon: Land und Leute lernt man nur über die Sprache richtig kennen, und Freundschaften mit Ecuadorianern sind immer ausgesprochen herzlich und können selbst über die Entfernung eng bleiben.

Hinweise zur Benutzung

Natürlich kann man die Grammatik auch überspringen und sofort mit dem Konversationsteil beginnen. Wenn dann Fragen auftauchen, kann man immer noch in der Grammatik nachsehen.

Der Kauderwelsch-Band „Spanisch für Ecuador" ist in die Abschnitte „Grammatik", „Konversation" und „Wörterliste" gegliedert:

Die **Grammatik** beschränkt sich auf das Wesentliche und ist so einfach wie möglich gehalten. Deshalb sind auch nicht sämtliche Ausnahmen und Unregelmäßigkeiten erklärt.

Im **Konversationsteil** finden Sie Sätze aus dem Alltagsgespräch, die Ihnen einen ersten Eindruck davon vermitteln sollen, wie die spanische Sprache „funktioniert", und die Sie auf das vorbereiten sollen, was Sie später in Ecuador hören werden.

Jede Sprache hat ein typisches Satzbaumuster. Um die sich vom Deutschen unterscheidende Wortfolge spanischer Sätze zu verstehen, ist die **Wort-für-Wort-Übersetzung** in *kursiver* Schrift gedacht. Jedem spanischen Wort entspricht ein Wort in der Wort-für-Wort-Übersetzung. Wird *ein* spanisches Wort im Deutschen durch *zwei* Wörter übersetzt, werden diese in der Wort-für-Wort-Übersetzung mit einem Bindestrich verbunden, z. B.:

¿Tiene una habitación disponible?
(er/sie-)besitzt eine Zimmer verfügbar
Haben Sie ein Zimmer frei?

Ein Schrägstrich trennt Wörter, die man untereinander austauschen kann:

Soy alemán / suizo / austriaco.
(ich-)bin Deutscher/Schweizer/Österreicher
Ich bin Deutscher/Schweizer/Österreicher.

In Sätzen mit dem Verb „sein" macht es einen Unterschied, ob eine Frau oder ein Mann den betreffenden Satz spricht. Im spanischen Satz und in der Wort-für-Wort-Übersetzung werden beide Formen wie folgt angegeben:

Oft kann man am gebeugten deutschen Verb die handelnde Person nicht eindeutig erkennen. In der Wort-für-Wort-Übersetzung ist daher das persönliche Fürwort meistens in Klammern ergänzt.

Estoy enfermo/enferma.
(ich-)bin krank(m/w)
Ich bin krank.

Eres enfermo/enferma.
(du-)bist krank(m/w)
Du bist krank.

Im ersten Satz spricht ein *Mann* die Variante *vor* dem Schrägstrich, eine *Frau* dagegen die Form *nach* dem Schrägstrich! Im zweiten Satz spricht man einen *Mann* mit der Variante *vor* dem Schrägstrich an, eine *Frau* mit der Variante *nach* dem Schrägstrich. Entscheidend ist das persönliche Fürwort. Näheres steht im Kapitel „Sein & Haben".

Mit Hilfe der Wort-für-Wort-Übersetzung können Sie bald eigene Sätze bilden. Um Ihnen das zu erleichtern, ist ein erheblicher Teil der Beispielsätze nach allgemeinen Kriterien geordnet („begrüßen", „verabschieden", „bitten", „danken" usw.). Mit einem kleinen bisschen Kreativität und Mut können Sie sich

Benutzen Sie die Beispielsätze als Fundus von Satzschablonen und -mustern, die Sie Ihren eigenen Bedürfnissen anpassen.

neue Sätze „zusammenbauen", auch wenn das Ergebnis nicht immer grammatikalisch perfekt ausfällt.

Die **Wörterlisten** am Ende des Buches helfen Ihnen dabei. Sie enthalten einen Grundwortschatz von je ca. 1.000 Wörtern Deutsch-Spanisch und Spanisch-Deutsch. Vokabular, das man in den einzelnen Kapiteln nachschlagen kann, ist hier nicht immer aufgeführt.

Die **Umschlagklappe** hilft die wichtigsten Sätze und Formulierungen stets parat zu haben. Hier finden sich außerdem die wichtigsten Angaben zur Aussprache und die Abkürzungen, die in der Wort-für-Wort-Übersetzung und in den Wörterlisten verwendet werden, weiterhin eine kleine Liste der wichtigsten Fragewörter, Richtungs- und Zeitangaben. – Wer ist nicht schon einmal aufgrund missverstandener Gesten im fremden Land auf die falsche Fährte gelockt worden?

Aufgeklappt ist der Umschlag eine wesentliche Erleichterung, da nun die gewünschte Satzkonstruktion mit dem entsprechenden Vokabular aus den einzelnen Kapiteln kombiniert werden kann.

Wenn alles nicht mehr weiterhilft, dann ist vielleicht das Kapitel „Nichts verstanden? – Weiterlernen!" der richtige Tipp. Es befindet sich ebenfalls im Umschlag, stets bereit, mit der richtigen Formulierung für z. B. „Ich verstehe leider nicht." oder „Können Sie das bitte wiederholen?" auszuhelfen.

Seitenzahlen

Um Ihnen den Umgang mit den Zahlen zu erleichtern, wird auf jeder Seite die Seitenzahl auch auf Spanisch angegeben!

Das Spanisch Ecuadors

Die offizielle Landessprache in Ecuador ist Spanisch oder genauer gesagt **Castellano,** also die Sprache, die ursprünglich im spanischen Kastilien gesprochen wurde. Im Zuge der **Conquista,** der Eroberung Süd- und Mittelamerikas zu Beginn des 16. Jahrhunderts durch die Spanier, hat sich die Sprache auch in Lateinamerika verbreitet. Neben dem Castellano wird in Ecuador von den Indígenas **Quechua** in mehreren Mundarten gesprochen.

Das **Castellano** *hat, wie in anderen Ländern Lateinamerikas, in denen Spanisch die offizielle Landessprache ist, spezifische Ausprägungen erhalten, die in erster Linie den Wortschatz und bestimmte Redewendungen betreffen.*

Ein markanter Unterschied zum Spanisch in Spanien besteht in der spanischen Grammatik Ecuadors bezüglich der Verbform. Die 2. Person Mehrzahl („ihr") gibt es in Ecuador nicht! Statt dessen verwendet man dieselbe Verbform wie für die 3. Person Mehrzahl („sie").

¿Tienen ustedes vacaciones?
(sie-)besitzen Sie(Mz) Ferien
Habt ihr / Haben Sie Ferien?

Eine andere typisch lateinamerikanische Sprachgewohnheit ist die Anwendung der Verniedlichungsform **(diminutivo) -(c)ito.** Sie wird in Ecuador nicht nur sehr viel häufiger verwendet als in Spanien, sondern fast bei jeder Gelegenheit benutzt und unterstreicht die Herzlichkeit des Gesagten. Zum Beispiel hört

Das Spanisch Ecuadors

Die Verkleinerungs- und Vergrößerungsform kann nicht nur bei Hauptwörtern, sondern auch bei Eigenschafts- und Umstandswörtern angewendet werden.

man **un besito** (ein Küsschen) statt **un beso** (ein Kuss), man trinkt **un cafecito** (ein Kaffeechen) statt **un café** (ein Kaffee), man vertröstet mit **un momentito** (ein Momentchen) und nicht mit **un momento** (ein Moment). Aus **chico** (klein) wird z. B. **chiquito** oder gar **chiquitito** (winzig), **grande** (groß) kann sowohl zu **grandote** als auch zu **grandecito** werden, **chaucito** heißt „Tschüsschen", **tantito** (sovielchen) heißt „ein bisschen", **nadita** (nichtschen) „kein bisschen".

Aussprache & Betonung

Die Selbstlaute **(a, e, i, o, u)** werden wie im Deutschen ausgesprochen.

Selbstlaute (Vokale)

Zwischen langen und kurzen Selbstlauten wird nicht unterschieden. Aufeinander folgende Selbstlaute werden getrennt gesprochen. Die beliebtesten „Fallen“ sind:

ie	„i“ und „e“ werden getrennt gesprochen, nicht wie langes „i“, sondern wie in „R**ije**ka“ **quiero** (ich will)
ei	„e“ und „i“ werden getrennt gesprochen, nicht wie in „L**ei**ter“, sondern wie in „b**ei**nhalten“ (jedoch ohne Stimmansatz zwischen **e** und **i**!) **aceite** (Öl)
eu	„e“ und „u“ werden getrennt gesprochen, nicht wie in „H**eu**“, sondern wie in „b**eu**nruhigt“ (jedoch ohne Stimmansatz zwischen **e** und **u**!) **Europa** (Europa)

Mitlaute (Konsonanten)

Besondere Schwierigkeiten bereitet die Aussprache des Castellano nicht. Den einzelnen Buchstaben oder Buchstabenverbindungen

Die größte Hürde für Deutschsprachige ist sicherlich das „gerollte" Zungenspitzen-r. Doch keine Angst: Auch mit deutschem „r" wird man verstanden.

entsprechen in den meisten Fällen die gleichen deutschen Laute. Zusätzliche Buchstaben sind lediglich das **ch, ll** und **ñ**. Der in ganz Lateinamerika übliche **seseo** bedeutet eine Erleichterung für den Lernenden: **c** (vor **e** und **i**) sowie **z** werden wie das deutsche „ß" ausgesprochen und nicht wie das englische „th", wie es in Spanien üblich ist.

c	vor **a, o, u** und Mitlauten wie „k" in „**K**ind" **carro** *„karro"* (Auto), **costa** *„kosta"* (Küste) vor **e, i** stimmlos wie „ß" in „Gru**ß**" **cerca** *„ßerka"* (nahe) **cero** *„ßero"* (null)
cc	wie „kß" **occidental** *„okßidental"* (westlich)
ch	wie stimmloses „tsch" in „Ma**tsch**" **chévere** *„tscheevere"* (toll)
g	vor **a, o, u** und vor Mitlauten wie „g" in „**G**arten" **gato** *„gato"* (Katze) vor **e, i** wie „ch" in „Ba**ch**" **gente** *„chente"* (Leute)
gue **gui**	wie „ge" bzw. „gi". Das **u** wird nicht gesprochen, es zeigt nur an, dass das **g** nicht wie „ch" klingt. **guitarra** *„gitarra"* (Gitarre)
güe **güi**	wie „gue"/„gui": soll das **u** vor **e** und **i** hörbar sein, steht statt **u** ein **ü** **güero** *„guero"* (blond)

gua	wie „gua" (vor **a** ist das **u** immer hörbar!) **agua** *„agua"* (Wasser)
h	wird nicht gesprochen **habitación** *„abitaßion"* (Zimmer)
j	wie „ch" in „Ba**ch**" **jugar** *„chugar"* (spielen)
ll	wie „j" in „**j**a" **lleno** *„jeno"* (voll)
ñ	wie „nj" in „A**nj**a" **señor** *„senjor"* Herr
qu	wie „k" (nie „kw"!), tritt nur vor **e** und **i** auf, das **u** ist stumm **que** *„kee"* (was) **quiero** *„kieero"* (ich will)
r	Zungenspitzen-r („gerollt") **claro** *„klaaro"* (klar)
rr	stark „gerollt" **perro** *„perro"* (Hund)
s	stimmlos wie „ß" in „Gru**ß**" **mesa** *„meßa"* (Tisch) vor stimmhaften Mitlauten „s" wie in „Vase" **mismo** *„mismo"* (selbst)
v	wie „w" in „**W**ind" **visa** *„wisa"* (Visum)
x	wie „kß" **éxito** *„ekßito"* (Erfolg)
y	wie „j" in „**j**a" **yo** *„jo"* (ich)
z	stimmlos wie „ß" in „Gru**ß**" **zapato** *„ßapato"* (Schuh)

Kauderwelsch-Tonträger

Falls Sie sich die Sätze und Wörter, die in diesem Buch vorkommen, einmal von einer Ecuadorianerin gesprochen anhören möchten, kann Ihnen Ihre Buchhandlung das begleitende Tonmaterial zu diesem Buch besorgen. Sie bekommen es auch über unseren Internetshop: ***www.reise-know-how.de***

Betonung (entonación)

Regelabweichungen werden mit einem Akzent auf der zu betonenden Silbe angezeigt. Also: **geógrafo** *(Geograph),* **fotógrafo** *(Fotograf),* **teléfono** *(Teléfon),* **después** *(später) oder* **educación** *(Bildung).*

Auf einem Selbstlaut endende Wörter werden auf der vorletzten Silbe betont. So wird **mismo** (selbst) entsprechend auf dem **i** betont, oder **maleta** (Koffer) auf dem **e.** Enden Wörter auf **-n** oder **-s,** werden sie ebenfalls auf der vorletzten Silbe betont. So wird **joven** (jung) auf dem **o** betont, oder **menos** (weniger) auf dem **e.**

Wörter, die auf anderen Mitlauten oder auf **-y** enden, werden auf der letzten Silbe betont. So wird **feliz** (glücklich) auf dem **i** betont oder **muy** (sehr) auf dem **u**.

Darüber hinaus dienen Akzente zur Unterscheidung gleichlautender Wörter:

Papa *(auf der 1. Silbe betont) heißt auch „Papst"!*

cuando	wenn (zeitl.)	**¿cuándo?**	wann?
el	der	**él**	er
esta	diese	**está**	er/sie ist
papa	Kartoffel	**papá**	Papa
que	welche(r, -s)	**¿qué?**	was?

Aussprache-Besonderheiten

An der **Costa** (Küste) Ecuadors wird oft schneller und damit undeutlicher gesprochen als in der **Sierra** (Andenhochland) oder im **Oriente** (Amazonastiefland). Das hat auch zur Folge, dass viele Mitlaute „verschluckt" werden. Das **s** am Ende eines Wortes wie in dem Wort **más** z. B. hört man nicht. Aus **nada más** wird *„nada ma"*. Wer also das in der **Sierra** gesprochene Spanisch gewohnt ist, muss sich an der **Costa** etwas umstellen. Aber auch hier hat man sich schnell reingehört.

Rechtschreibung

Alle Wörter am Anfang eines Satzes sowie alle Eigennamen werden im Spanischen großgeschrieben. Alle anderen Wörter und Wortanfänge werden kleingeschrieben.

Satzzeichen

Frage und Ausrufesätze werden nicht nur mit den entsprechenden Satzzeichen (**?** und **!**) beendet, sondern auch auf dem Kopf stehend begonnen (**¿** und **¡**). Sie werden da gesetzt, wo die jeweilige Frage oder der jeweilige Ausruf beginnt, also unter Umständen auch mitten im Satz.

Wörter, die weiterhelfen

Die folgenden Satzmuster können Sie ohne Grammatikkenntnisse anweden.

Estoy buscando ...
(Ich suche ...)

Estoy buscando un banco.
(ich-)bin suchend eine Bank
Ich suche eine Bank.

Estoy buscando la parada de autobús.
(ich-)bin suchend Haltestelle von Bus
Ich suche die Bushaltestelle.

In die Fragesätze kann man alle sinnvollen Wörter aus der Wörterliste unverändert einsetzen, z. B.:

un médico	ein Arzt
la embajada	die Botschaft
el autobús	der Bus
el aeropuerto	der Flughafen
el consulado	das Konsulat
el hospital	das Krankenhaus
la policía	die Polizei
una tienda	ein Geschäft
un taxi	ein Taxi
un teléfono	ein Telefon

¿Hay ...?
(Gibt es ...?)

¿Hay café?
es-gibt Kaffee
Gibt es Kaffee?

Sí, hay.
ja, es-gibt
Ja, es gibt.

¿Hay una farmacia cerca de aquí?
es-gibt eine Apotheke nahe von hier
Gibt es in der Nähe eine Apotheke?

No, no hay.
nein, nicht es-gibt
Nein, gibt es nicht.

¿Dónde hay ...?
(Wo gibt es ...?)
Fragt man nach etwas Bestimmtem, verwendet man nicht **hay** *(es gibt), sondern* **está** *(ist).*

¿Dónde hay un médico?
wo es-gibt ein Arzt
Wo gibt es einen Arzt?

¿Dónde hay un restaurante?
wo es-gibt ein Restaurant
Wo gibt es ein Restaurant?

¿Dónde está ...?
(Wo ist ...?)

¿Dónde está el Hotel Saraguro?
wo ist der Hotel Saraguro
Wo ist das Hotel Saraguro?

¿Dónde está el correo?
wo ist der Post
Wo ist die Post?

¿Dónde está el terminal terrestre?
wo ist der Halt zentrale
Wo ist der Busbahnhof?

a la derecha	(nach) rechts	**a la izquierda**	(nach) links
acá, aquí	hier	**por acá**	hierhin
allá, allí	dort	**por allá**	dorthin
cerca	nah	**lejos**	weit
derecho, recto	geradeaus	**hacia atrás**	zurück
cruce (m)	Kreuzung	**semáforo**	Ampel

Stellen Sie sich von vornherein darauf ein, verschiedene Personen fragen zu müssen. Die Antworten sind zwar meistens gut gemeint, nicht selten aber sehr unpräzise. Typisch etwa ist die Auskunft **más allá,** *was etwa mit „immer weiter" zu übersetzen ist.*

¿Tiene usted una habitación libre?
(er/sie-)besitzt Sie eine Zimmer frei
Haben Sie ein freies Zimmer?

¿Tiene (usted) ...?
(Haben Sie ...?)

¿Tiene usted sueltos?
(er/sie-)besitzt Sie Kleingeld
Haben Sie Kleingeld?

Sí, tenemos.
ja, (wir-)besitzen
Ja, haben wir.

No, no tengo.
nein, nicht (ich-)besitze
Nein, habe ich nicht.

¿Puedo tener un café, por favor?
(ich-)kann besitzen ein Kaffee, für Gefallen
Kann ich bitte einen Kaffee haben?

¿Puedo tener ...?
(Kann ich ... haben?)

Quiero/Quisiera ...
(Ich will/hätte gern ...)
Mit **quiero** *(ich will) wird ein Wunsch ausgedrückt, höflicher ist allerdings* **quisiera** *(ich würde wollen).*

Quiero una cerveza.
(ich-)will eine Bier
Ich möchte ein Bier.

Quisiera otra habitación.
(ich-)würde-wollen andere Zimmer
Ich hätte gern ein anderes Zimmer.

¿Cuánto es?/ ¿Cuánto cuesta/ vale ...?
(Wie viel kostet?)

¿Cuánto es la entrada?
wieviel (sie-)ist die Eintritt
Wie viel kostet der Eintritt?

¿Cuánto cuesta un billete?
wieviel (er-)kostet ein Fahrkarte
Wie viel kostet eine Fahrkarte?

¿Cuánto vale esto?
wieviel (er/sie-)kostet dieses
Wie viel kostet das da?

Hauptwörter

Im Spanischen werden die Hauptwörter (Substantive) nicht gebeugt. Es wird lediglich unterschieden nach Geschlecht und Anzahl. Im Castellano gibt es nur männliche (m) und weibliche (w) Hauptwörter.

männlich oder weiblich?

Männliche Hauptwörter enden meist auf **-o, -os, -l** oder **-r,** weibliche auf **-a, -ad, -ción** oder **-z:**

el vino	der Wein	**la casa**	das Haus
el papel	das Papier	**la ciudad**	die Stadt
el cumpleaños	Geburtstag	**la canción**	das Lied
el calor	die Hitze	**la luz**	das Licht

Ausnahmen von den hier genannten Regeln werden gekennzeichnet.

Bei Personen wird die weibliche Form des Hauptwortes häufig durch Hinzufügen eines **-a** gebildet:

el senor	der Herr	**la señora**	die Frau
el español	der Spanier	**la española**	die Spanierin

In anderen Fällen wird die männliche Endung **-o** durch ein **-a** ersetzt:

el niño	der Junge	**la niña**	das Mädchen
el tío	der Onkel	**la tía**	die Tante

Für einige männliche und weibliche Entsprechungen gibt es wiederum eigene Wörter:

el hombre	der Mann	**la mujer**	die Frau
el padre	der Vater	**la madre**	die Mutter

Die Namen von Meeren, Flüssen und Bergen sind in der Regel männlich:

el Pacífico	der Pazifik	**el Guayas**	der Guayas

el clima	das Klima	**la moto**	das Motorrad
el día	der Tag	**la radio**	das Radio
el mapa	die Landkarte	**la mano**	die Hand
el problema	das Problem	**la foto**	das Foto

Ausnahmen

Es gibt männliche Hauptwörter mit typisch weiblichen Endungen und umgekehrt.

Einige Hauptwörter (die meisten enden auf **-ista**) können männlich und weiblich sein:

Einige Hauptwörter können männlich und weiblich sein, haben dann aber unterschiedliche Bedeutungen.

el/la amante	der/die Liebhaber/in
el/la andinista	der/die Andinist/in
el/la artista	der/die Künstler/in
el/la guía	der/die Führer/in
el/la periodista	der/die Jounalist/in
el/la turista	der/die Tourist/in

el capital	das Kapital	**la capital**	die Hauptstadt
el frente	die Front	**la frente**	die Stirn
el policía	der Polizist	**la policía**	die Polizei

Bei weiblichen Hauptwörtern, die mit einem betonten **a-** oder **ha-** beginnen, wird der männliche Artikel **el** verwendet, um das Aufeinanderstoßen zweier **a** zu vermeiden. In der Mehrzahl haben sie wieder den regelmäßigen Mehrzahl-Artikel **las.** Dazu gehören z. B.:

el harina (w)	das Mehl	**las harinas**	die Mehle
el águila (w)	der Adler	**las águilas**	die Adler
el agua (w)	das Wasser	**las aguas**	die Wasser
el alma (w)	die Seele	**las almas**	die Seelen

Im sprachlichen Gebrauch bleiben diese Hauptwörter jedoch weiblich. Eigenschaftswörter, die sich auf diese Hauptwörter beziehen, werden also weiblich gebeugt (vgl. Kap. „Eigenschaftswörter“).

bestimmer/unbestimmter Artikel

Es gibt im Spanischen den unbestimmten („ein, eine“) und den bestimmten Artikel („der, die“).

	bestimmt		unbestimmt	
Ez	**el** (der)	**la** (die)	**un** (ein)	**una** (eine)
Mz	**los** (die)	**las** (die)	**unos** (einige)	**unas** (einige)

Im Gegensatz zum Deutschen hat der unbestimmte Artikel auch eine eigene Form für die Mehrzahl, die man etwa mit „einige“ übersetzen kann.

el hombre	der Mann	**los hombres**	die Männer
la mujer	die Frau	**las mujeres**	die Frauen
una vez	einmal	**unas veces**	einige Male

Darüber hinaus gibt es den sächlichen (unpersönlichen) Artikel **lo,** der wie in den folgenden Beispielen verwendet wird:

lo mismo	der/das Gleiche
los mismos	die Gleichen

¿Tiene usted su pasaporte? **Sí, lo tengo.**
(er/sie-)besitzt Sie ihr Reisepass *ja, das (ich-)besitze*
Haben Sie Ihren Reisepass? Ja, habe ich.

Der unbestimmte Mehrzahl-Artikel **unos/unas** *hat vor Zahlwörtern die Bedeutung „ungefähr“.*

Esto es lo que quiero. **unas siete horas**
dieses ist das was (ich-)will *einige(w) 7 Stunden*
Das ist es, was ich will. ungefähr 7 Stunden

Mehrzahl (Plural)

Hauptwörter, die in der Einzahl (abgekürzt: „Ez“) auf einem Selbstlaut enden, bilden die Mehrzahl („Mz“) mit angehängtem **-s;** Hauptwörter, die auf einem Mitlaut enden, hängen für die Mehrzahl **-es** an.

hombre	Mann	**hombres**	Männer
mujer	Frau	**mujeres**	Frauen
papel	Papier	**papeles**	Papiere
pared	Wand	**paredes**	Wände

Ausnahmen: Ein **-z** *am Wortende wird in der Mz zu* **-ces.** *Die Wochentage bleiben in der Mz unverändert.*

vez	Mal	**veces**	Male
luz	Licht	**luces**	Lichter
feliz	glücklich	**felices**	glückliche
los lunes	montags	**los martes**	dienstags
die Montage		*die Dienstage*	

Dieses & Jenes

Im Gegensatz zum Deutschen, das nur zwei hinweisende Fürwörter („dieses" und „jenes") kennt, besitzt das Castellano drei. Ihr Gebrauch richtet sich nach der Entfernung vom Sprecher. **Este** („dieser/-s hier") weist auf eine Sache oder Person hin, die sich nahe beim Sprechenden befindet. Mit **ese** („dieser/-s da") bezeichnet man eine Sache oder Person, die weiter entfernt ist oder sich beim Angesprochenen befindet. **Aquel** („jenes") schließlich verweist auf eine Sache oder Person, die sich weder beim Sprecher noch beim Angeredeten befindet. Das hinweisende Fürwort **aquel** drückt jedoch eine eher förmliche Beschreibung aus und wird in Ecuador kaum benutzt.

Die hinweisenden Fürwörter stehen vor dem Hauptwort, auf das sie sich beziehen, und richten sich in Zahl und Geschlecht nach diesem.

	männlich	**weiblich**	**unpersönlich**
Ez	**este**	**esta**	**esto**
Mz	**estos**	**estas**	–
Ez	**ese**	**esa**	**eso**
Mz	**esos**	**esas**	–
Ez	**aquel**	**aquella**	**aquello**
Mz	**aquellos**	**aquellas**	–

Eigenschaftswörter

Die männliche Form des Eigenschaftswortes endet in der Einzahl in der Regel auf **-o**, die weibliche auf **-a**, in der Mehrzahl endet die männliche Form auf **-os**, die weibliche auf **-as**:

Eigenschaftswörter richten sich in Geschlecht und Zahl nach dem Hauptwort, auf das sie sich beziehen. Anders als im Deutschen stehen sie fast immer hinter dem Hauptwort.

el hombre alto *der Mann hoch(m)*	der große Mann
los hombres altos *die Männer hohe(m,Mz)*	die großen Männer
la montaña alta *die Berg hoch(w)*	der hohe Berg
las montañas altas *die Berge hohe(w,Mz)*	die hohen Berge

Bei einigen Eigenschaftswörtern, vor allem bei jenen, die auf **-e** oder **-l** enden, stimmen die männliche und weibliche Form überein, z. B.:

un hombre elegante *ein Mann elegant(Ez)*	ein eleganter Mann
una mujer elegante *eine Frau elegant(Ez)*	eine elegante Frau
hombres elegantes *Männer elegante(Mz)*	elegante Männer
mujeres elegantes *Frauen elegante(Mz)*	elegante Frauen

Einige Eigenschaftswörter, **bueno** (gut), **malo** (schlecht) und **grande** (groß), können auch vor dem Hauptwort stehen. Vor einem männlichen Hauptwort werden **bueno** und **malo** (wie auch die Ordnungszahlen **primero** und **tercero**) verkürzt, d. h. die Endung **-o** entfällt.

Eigenschaftswörter

Grande *wird vor männlichen und weiblichen Hauptwörtern zu* **gran** *verkürzt.*

un buen chico	ein guter Junge
un gran pescado	ein großer Fisch
un mal negocio	ein schlechtes Geschäft
el primer día	der erste Tag

Die Eigenschaftswörter **mucho** (viel), **poco** (wenig) und **otro** (ein anderer) stehen immer vor dem Hauptwort. Vor **otro** steht übrigens nie der unbestimmte Artikel.

mucho tráfico	viel Verkehr
poca gente	wenig Leute
otro lugar	ein anderer Ort

wichtige Eigenschaftswörter

cerca(no)	nah	**lejos**	weit
bajo	niedrig	**alto**	hoch
limpio	sauber	**sucio**	schmutzig
grande	groß	**pequeño**	klein
largo	lang	**corto**	kurz
pobre	arm	**rico**	reich
claro	hell	**oscuro**	dunkel
frío	kalt	**caliente**	heiß
inteligente	klug	**tonto**	dumm
bueno	gut	**malo**	schlecht
mucho	viel	**poco**	wenig
feliz	glücklich	**triste**	traurig
viejo	alt	**joven**	jung
bonito, lindo	hübsch	**feo**	hässlich
fácil	einfach	**difícil**	schwierig
liviano	leicht	**pesado**	schwer
suave	weich	**duro**	hart
barato	billig	**caro**	teuer
rápido	schnell	**lento**	langsam
gordo	dick	**flaco**	dünn

Farben

blanco	weiß	**negro**	schwarz
azul	blau	**naranja**	orange
rojo	rot	**verde**	grün
marrón	braun	**amarillo**	gelb
gris	grau	**lila**	lila
rubio	blond	**moreno**	dunkel
dorado	golden	**plateado**	silbern

moreno *bedeutet „dunkel" in Bezug auf die Hautfarbe.*

Steigern & Vergleichen

Bei der Steigerung wird das Eigenschaftswort nicht wie im Deutschen gebeugt. Man verwendet vielmehr das Wort **más** (mehr), das beim Komparativ (1. Steigerungsstufe) vor das Eigenschaftswort gestellt wird. Der Superlativ (2. Steigerungsstufe) wird gebildet, indem zusätzlich der bestimmte Artikel vorangestellt wird. Der Elativ oder absolute Superlativ (3. Steigerungsform, zum Beispiel: allerneuste) wird gebildet, indem man die Endung **-ísimo/-ísima** anhängt.

Das Eigenschaftswort und der Artikel richten sich in Zahl und Geschlecht nach dem dazugehörigen Hauptwort.

alto/alta hoch (m/w)	**más alto/alta** höher (m/w)
el/la más alto/alta der/die höchste	**altísimo/altísima** der/die allerhöchste
superior höher	**el superior/supremo** der höchste/allerhöchste

Steigern & Vergleichen

wichtige unregelmäßige Steigerungsformen

gut	**bueno**	**mejor**	**el mejor**	**óptimo/buenísimo**
schlecht	**malo**	**peor**	**el peor**	**pésimo/malísimo**
viel	**mucho**	**más**	**los más**	**muchísimo**
wenig	**poco**	**menos**	**los menos**	**poquísimo**
groß	**grande**	**mayor**	**el mayor**	**máximo/grandísimo**
klein	**pequeño**	**menor**	**el menor**	**mínimo/pequeñísimo**
niedrig	**bajo**	**inferior**	**el inferior**	**ínfimo/bajísimo**

Mit **muy** *(sehr) kann man auch eine Steigerung ausdrücken. Es steht immer vor dem Eigenschaftswort.*

Bei Personen bedeutet **mayor** „älter" und **menor** „jünger", die Körpergröße wird mit **alto** (hoch) und **bajo** (niedrig) ausgedrückt.

¡Muy bien hecho!	**una mujer muy bonita**
sehr gut(Umst.) gemacht	*eine Frau sehr hübsche(w)*
Sehr gut gemacht!	eine sehr hübsche Frau

vergleichen

Werden zwei Personen oder Sachen anhand einer Tätigkeit gemessen, wird **tanto como** *(so viel wie) verwendet. Beim Vergleich von Eigenschaften zweier Personen oder Sachen wird* **tan ... como** *(so ... wie) verwendet.*

Él gana tanto como ella.
Er verdient so viel wie sie.

Él es tan joven como ella.
Er ist so jung wie sie.

El Cotopaxi es más alto que el Cayambe.
der Cotopaxi ist mehr hoch als der Cayambe
Der Cotopaxi ist höher als der Cayambe.

Él bebe menos que ella.
Er trinkt weniger als sie.

Umstandswörter

Mit Umstandswörtern (abgekürzt: „Umst.") kann man Tätigkeitswörter (Verben), Eigenschaftswörter sowie andere Umstandswörter näher bestimmen. Man unterscheidet selbständige Umstandswörter, z. B. die der Zeit („heute, immer, nie" usw.), Umstandswörter des Grades („sehr, mehr") und Umstandswörter, die von Eigenschaftswörtern abgeleitet werden.

Um Umstandswörter aus Eigenschaftswörtern zu bilden, hängt man an die weibliche Form des Eigenschaftswortes die Endung **-mente** *an.*

lógico/lógica (m/w)	logisch
lógicamente	logisch (Umst.)
fácil (m+w)	einfach
fácilmente	einfach (Umst.)
tranquilo/tranquila (m+w)	ruhig
tranquilamente	ruhig (Umst.)

El tren va rápidamente.
der Zug (er-)fährt schnell(Umst.)
Der Zug fährt schnell.

Es gibt Eigenschaftswörter, bei denen die Bildung auf **-mente** nicht möglich ist:

despacio	**barato**	**caro**	**bajo**
langsam	billig	teuer	niedrig

Einige Eigenschaftswörter bilden unregelmäßige Umstandswörter:

bueno	gut	**bien**	gut (Umst.)
malo	schlecht	**mal**	schlecht (Umst.)

Persönliche Fürwörter

Im Castellano unterscheidet man eine männliche und eine weibliche Form für „wir" und „sie" (Mz). Bei der höflichen Anrede „Sie" unterscheidet man zwischen einer **(usted)** *und mehreren Personen* **(ustedes)**.

Ein markanter Unterschied zu dem in Spanien gesprochenen Castellano besteht in der Ersetzung des persönlichen Fürwortes der 2. Person Mehrzahl „ihr" (in Spanien **vosotros / vosotras**) durch **ustedes.** Entsprechend wird auch die Verbform der 3. Person Mehrzahl übernommen.

yo	ich	**nosotros/-as**	wir (m/w)
tú	du	**ustedes**	ihr
él, ella	er, sie	**ellos/ellas**	sie (m/w Mz)
usted	Sie (höfl. Ez)	**ustedes**	Sie (höfl. Mz)

Die Form **vos** (ihr) für die 2. Person Einzahl **tú** (du) ist in Lateinamerika verbreitet, doch wird man sie in Ecuador relativ selten hören. In Quito heißt es beispielsweise manchmal noch unter sehr engen Freunden:

¿Qué haces vos? statt **¿Qué haces tú?**
was (du-)machst ihr — *was machst du*
Was machst du? — Was machst du?

In Ecuador ist die Form **usted** *für die 2. Person Einzahl* **tú** *sehr verbreitet.*

¿Qué hace usted? statt **¿Qué haces tú?**
was (er/sie-)macht Sie — *was machst du*
Was machst du? — Was machst du?

Generell werden die persönlichen Fürwörter in der gesprochenen Sprache nur zur Betonung der Person hinzugesetzt.

wem? oder wen?

Die gebeugten Formen der persönlichen Fürwörter stehen immer vor der Satzaussage (Prädikat). Auf die Fragen „wem?“ oder „wen?“ antwortet man wie folgt:

Frage: „wem?“		Frage: „wen?“	
unbetont	**betont**		
me	a mí	me	*mir – mich*
te	a ti	te	*dir – dich*
	a él	lo	*ihm – ihn*
le	a ella	la	*ihr – sie (Ez)*
	a Usted	lo/la	*Ihnen (Ez)*
nos	a nosotros/-as	nos	*uns*
	a ustedes		*euch*
les	a ellos/-as	los/las	*ihnen – sie (m/w)*
	a Ustedes		*Sie (Mz)*

Yo te espero en la mañana.
ich dich warte in die Morgen
Ich warte am Morgen auf dich.

Te quiero.
dich (ich-)liebe
Ich liebe dich.

Die betonte Form wird zusätzlich zur unbetonten verwendet, um das persönliche Fürwort hervorzuheben. Sie steht immer nach dem Verb.

Carlos me escribió a mí.
Carlos mir (er-)schrieb zu mir
Carlos hat mir geschrieben. (... und nicht *dir*!)

Besitzanzeigende Fürwörter

Nur in der 1. Person Mehrzahl („unser“) unterscheidet man eine männliche und eine weibliche Form.

Werden die besitzanzeigenden Fürwörter wie Eigenschaftswörter verwendet („adjektivische Form“) stehen sie immer vor dem Hauptwort, auf das sie sich beziehen. Sie richten sich in Geschlecht und Zahl nach dem Hauptwort, das den Besitz anzeigt.

die adjektivische Form

Besitz in der Einzahl		Besitz in der Mehrzahl	
mein	**mi**	meine	**mis**
dein	**tu**	deine	**tus**
sein ihr Ihr	**su**	seine ihre Ihre	**sus**
unser	**nuestro/-a**	unsere	**nuestros/-as**
euer ihr Ihr	**su**	eure ihre Ihre	**sus**

¿Vamos a nuestra casa? *(wir-)gehen zu unsere Haus*	Gehen wir zu uns nach Hause?
Este es mi libro. *dieses ist mein Buch*	Dieses ist mein Buch.

Die besitzanzeigenden Fürwörter können auch wie selbständige Hauptwörter verwendet werden („substantivische Form“), sie haben dann eine andere Form.

die substantivische Form

Estos libros son míos. *diese Bücher (sie-)sind mir*	Diese Bücher gehören mir.
Es un libro mío. *(er-)ist ein Buch mir*	Das ist ein Buch von mir.

Tätigkeitswörter

Die regelmäßigen Tätigkeitswörter (Verben) bestehen in der Grundform (Infinitiv) aus dem Stamm und der Endung **-ar, -er** oder **-ir**.

Grundform (Infinitiv)

-ar	**cortar**	schneiden
-er	**beber**	trinken
-ir	**vivir**	leben

Gegenwart

Bei der Beugung wird die Endung der Grundform **(-ar, -er, -ir)** durch die Endung für die handelnde Person („ich, du, er" etc.) ersetzt. Der Stamm bleibt unverändert.

Je nach Grundform-Endung werden die Verben unterschiedlich gebeugt, wobei die Unterschiede nicht allzu groß sind. Die Bindestriche in der Tabelle sollen nur die Beugungsendung hervorheben.

	habl-ar (sprechen)	**com-er** (essen)	**viv-ir** (leben)
ich	**habl-o**	**com-o**	**viv-o**
du	**habl-as**	**com-es**	**viv-es**
er/sie/Sie	**habl-a**	**com-e**	**viv-e**
wir	**habl-amos**	**com-emos**	**viv-imos**
ihr	**habl-an**	**com-en**	**viv-en**
sie/Sie (Mz)	**habl-an**	**com-en**	**viv-en**

Wie bereits erwähnt, fehlt im gesprochenen Spanisch Ecuadors eine eigene Verbform für die 2. Person Mehrzahl („ihr"). Stattdessen wird die Endung der Höflichkeitsform verwendet, die der 3. Person Mehrzahl („sie") entspricht.

Tätigkeitswörter

Die persönlichen Fürwörter werden in der Regel nur bei Betonung genannt. In der Wort-für-Wort-Übersetzung stehen sie in Klammern.

¿Ustedes viven en Alemania?
ihr/Sie (sie-)leben in Deutschland
Lebt ihr in Deutschland?
Leben Sie in Deutschland?

Bebo una cerveza.
(ich-)trinke eine Bier
Ich trinke ein Bier.

Hoy pago yo!
heute (ich-)bezahle ich
Heute bezahle ich!

wichtige Tätigkeitswörter

Die mit * gekennzeichneten Verben sind unregelmäßig.

comenzar* anfangen	**entregar** geben	**abrir** öffnen
contestar antworten	**andar, caminar** gehen	**estacionar** parken (Auto)
trabajar arbeiten	**creer*** glauben	**fumar** rauchen
bañarse baden	**saludar** grüßen	**llamar** rufen
tener* besitzen, haben	**sostener*** halten (etw.)	**gritar** schreien
visitar besuchen	**ayudar** helfen	**decir*** sagen
pagar, cancelar bezahlen	**oír*, escuchar** hören	**mandar, enviar** schicken
pedir* bitten	**informar** informieren	**dormir*** schlafen
quedarse bleiben	**comprar** kaufen	**escribir** schreiben
necesitar brauchen	**conocer*** kennen	**ver*, mirar** sehen
traer* bringen	**llegar** kommen	**hablar** sprechen
agradecer* danken	**costar*** kosten (Preis)	**morir** sterben
tardar dauern	**besar** küssen	**buscar** suchen
invitar einladen	**sonreír*** lächeln	**llamar por teléfono** telefonieren
entrar eintreten	**correr** laufen, rennen	**olvidar** vergessen
contar* erzählen	**vivir** leben, wohnen	**comprender** verstehen
manejar fahren (Auto)	**poner*** legen, stellen	**tratar (de)** versuchen (zu)
encontrar* finden	**aprender** lernen	**esperar** warten
volar fliegen	**leer** lesen	
sacar (fotos) fotografieren	**querer*, amar** lieben	
	hacer* machen, tun	
	tomar nehmen	

Sein & Haben

Dem deutschen „sein" entsprechen im Castellano zwei Verben: **ser** und **estar.**

ser/estar (sein)

	ser (sein)	**estar** (sein)
ich bin	**soy**	**estoy**
du bist	**eres**	**estás**
er/sie ist, Sie (Ez) sind	**es**	**está**
wir sind	**somos**	**estamos**
ihr seid	**son**	**están**
sie/Sie (Mz) sind	**son**	**están**

Mit **ser** *werden unabänderliche oder charakteristische Wesenszüge bezeichnet, z. B. Nationalität, Religion, Beruf, Herkunft, Charakter- bzw. wesensmäßige Eigenschaften, Farben.* **Estar** *drückt einen vorübergehenden oder veränderlichen Zustand aus, z. B. Ortsangaben, Befinden, Stimmung.*

Soy de Alemania.
(ich-)bin von Deutschland
Ich bin aus Deutschland.

Es domingo.
(er-)ist Sonntag
Es ist Sonntag.

Él es geólogo.
er (er-)ist Geologe
Er ist Geologe.

Ella es enfermera.
sie (sie-)ist Krankenschwester
Sie ist Krankenschwester.

La puerta está cerrada.
die Tür (sie-)ist geschlossen
Die Tür ist zu.

Estoy en la casa.
(ich-)bin in die Haus
Ich bin im Haus.

Die Unterscheidung von **ser** und **estar** wird anfangs etwas Mühe machen, ist aber wichtig:

Esta carne es mala.
diese Fleisch (sie-)ist schlecht
Das ist (qualitativ) schlechtes Fleisch.

Ein Eigenschaftswort als Satzergänzung (Objekt) richtet sich in Zahl und Geschlecht nach dem Satzgegenstand (Subjekt).

Esta carne está mala.
diese Fleisch (sie-)ist schlecht
Dieses Fleisch ist schlecht (= verdorben).

Yo estoy soltero.
ich (ich-)bin ledig
Ich bin ledig.
(sagt ein Mann)

Yo estoy soltera.
ich (ich-)bin ledig(w)
Ich bin ledig.
(sagt eine Frau)

Tú eres bonito.
du (du-)bist schön(m)
Du bist schön.
(zu einem Mann)

Tú eres bonita.
du (du-)bist schöne(w)
Du bist schön.
(zu einer Frau)

Nosotros estamos solos.
wir (wir-)sind alleine(m,Mz)
Wir sind alleine.
(nur Männer oder Männer und Frauen)

Nosotras estamos solas.
wir (wir-)sind alleine(w,Mz)
Wir sind alleine. (nur Frauen)

tener (haben, besitzen) / haber (haben)

tener *bedeutet „haben" im Sinne von „besitzen", ist also kein Hilfsverb. Die zusammengesetzten Vergangenheitsformen werden ausschließlich mit* **haber** *gebildet.*

	tener besitzen	**haber** haben
ich habe	**tengo**	**he**
du hast	**tienes**	**has**
er/sie hat, Sie haben	**tiene**	**ha**
wir haben	**tenemos**	**hemos**
ihr habt	**tienen**	**han**
sie/Sie (Mz) haben	**tienen**	**han**

¿Tienes un café para mi?
(du-)besitzt ein Kaffee für mich
Hast du einen Kaffee für mich?

He trabajado mucho.
(ich-)habe gearbeitet viel
Ich habe viel gearbeitet.

Damit die Verben **tener** *und* **haber** *nicht verwechselt werden, wird* **haber** *in der Wort-für-Wort-Übersetzung mit „haben“,* **tener** *jedoch mit „besitzen“ übersetzt.*

Zur 3. Person Ez existiert außerdem die unpersönliche Nebenform **hay** (es gibt) und der Ausdruck **hay que** (man muss), die in der Umgangssprache häufig gebraucht werden.

Hay mucho sol.
es-gibt viel Sonne
Die Sonne scheint sehr heiß.

Hay neblina.
es-gibt Nebel
Es ist neblig.

Hay que limpiar la mesa.
es-gibt dass säubern die Tisch
Man muss den Tisch säubern.

Hay que tener cuidado.
es-gibt dass besitzen Vorsicht
Man muss aufpassen.

Unregelmäßige Verben

Es gibt eine Anzahl von regelmäßig gebeugten Verben, bei denen sich bis auf die 1. Person Mehrzahl („wir“) lediglich der Stamm verändert. Die Beugungsendungen dagegen sind regelmäßig. Diese Verben lassen sich in Gruppen zusammenfassen.

Ebenso werden gebeugt: **cerrar** *(schließen)*, **comenzar** *(beginnen)*, **defender** *(verteidigen)*, **perder** *(verlieren)*, **preferir** *(vorziehen)*, **querer** *(wollen; lieben)*, **recomendar** *(empfehlen)*

● **e-** wird zu **-ie-**, z. B. **pensar** und **entender**:

	pensar denken	**entender** verstehen
ich	**pienso**	**entiendo**
du	**piensas**	**entiendes**
er, sie, Sie	**piensa**	**entiende**
wir	**pensamos**	**entendemos**
ihr	**piensan**	**entienden**
sie, Sie (Mz)	**piensan**	**entienden**

Ebenso: **costar** *(kosten)*, **doler** *(schmerzen)*, **dormir** *(schlafen)*, **encontrar** *(finden, treffen)*, **llover** *(regnen)*, **poder** *(können)*, **probar** *(probieren)*, **rogar** *(bitten)*, **volver** *(zurückkommen)*

● **-o-** wird zu **-ue-**, z. B. **contar** und **mover**:

	contar zählen	**mover** bewegen
ich	**cuento**	**muevo**
du	**cuentas**	**mueves**
er, sie, Sie	**cuenta**	**mueve**
wir	**contamos**	**movemos**
ihr	**cuentan**	**mueven**
sie, Sie (Mz)	**cuentan**	**mueven**

● Die letzte Gruppe schließlich bildet nur die 1. Person Einzahl („ich“) unregelmäßig: **-c-** wird zu **-zc-**, z. B. **conocer** (kennen) wird zu **conozco** (ich kenne). Alle anderen Formen sind regelmäßig. Zu dieser Gruppe gehören die meisten Verben, die auf **-cer** oder **-ducir** enden, z. B. **conducir** (führen), **ofrecer** (anbieten), **nacer** (geboren werden), **traducir** (übersetzen).

Einige Verben werden völlig unregelmäßig gebeugt. Hier die wichtigsten. Man sollte zumindest die Gegenwartsformen kennen.

dar geben	ir gehen	oír hören	venir kommen	hacer machen
doy	voy	oigo	vengo	hago
das	vas	oyes	vienes	haces
da	va	oye	viene	hace
damos	vamos	oímos	venimos	hacemos
dan	van	oyen	vienen	hacen
dan	van	oyen	vienen	hacen

decir sagen	ver sehen	poner stellen	salir weggehen	saber wissen
digo	veo	pongo	salgo	sé
dices	ves	pones	sales	sabes
dice	ve	pone	sale	sabe
decimos	vemos	ponemos	salimos	sabemos
dicen	ven	ponen	salen	saben
dicen	ven	ponen	salen	saben

Weitere Zeiten

Das Castellano kennt ein ganze Reihe anderer Zeiten mit teilweise komplizierten Bildungsformen. Wichtig und dabei relativ einfach zu merken sind folgende Formen:

- die **einfache Vergangenheit** (historisches Perfekt), z. B. „ich ging",
- die **vollendete Gegenwart** (Perfekt), z. B. „ich bin gegangen" und
- die **einfache Zukunft** (Futur I), z. B. „ich werde gehen".

einfache Vergangenheit

Die einfache Vergangenheit bezeichnet eine abgeschlossene Handlung in der Vergangenheit, ohne dass es sich dabei jedoch um eine zusammengesetzte Zeit handelt. In Ecuador wird es sehr oft gesprochen und häufig auch dann verwendet, wenn in der deutschen Sprache vorwiegend das Perfekt gebraucht wird.

Diese Vergangenheitsform, auch historisches Perfekt genannt, entspricht der deutschen einfachen Vergangenheit und besitzt eine eigene Beugungsform. Bei den Beugungsformen regelmäßiger Verben sind hier die Endungen der Verben auf **-er** und **-ir** identisch!

	habl-ar sprechen	**com-er** essen	**viv-ir** leben
ich	**habl-é**	**com-í**	**viv-í**
du	**habl-aste**	**com-iste**	**viv-iste**
er, sie, Sie	**habl-ó**	**com-ió**	**viv-ió**
wir	**habl-amos**	**com-imos**	**viv-imos**
ihr	**habl-aron**	**com-ieron**	**viv-ieron**
sie, Sie(Mz)	**habl-aron**	**com-ieron**	**viv-ieron**

Anteayer bebimos mucha cerveza.
vorgestern (wir-)tranken viele(w,Ez) Bier
Vorgestern haben wir viel Bier getrunken.

Vivé aquí un año.
(ich-)lebte hier ein Jahr
Ich habe hier ein Jahr gelebt.

einfache Vergangenheit: „sein" & „haben"

Beachten Sie, dass **ser** *(sein) und* **ir** *(gehen) die gleichen Formen bilden. So kann z. B.* **fue** *sowohl „er war" als auch „er ging" bedeuten.*

	ser	**estar**	**tener**
ich	**fui**	**estuve**	**tuve**
du	**fuiste**	**estuviste**	**tuviste**
er, sie, Sie	**fue**	**estuvo**	**tuvo**
wir	**fuimos**	**estuvimos**	**tuvimos**
ihr	**fueron**	**estuvieron**	**tuvieron**
sie/Sie (Mz)	**fueron**	**estuvieron**	**tuvieron**

Für das Hilfsverb **haber** (haben) reicht es völlig aus, sich lediglich die 3. Person Einzahl („er/sie") zu merken: **hubo.** Diese Form ist nämlich zugleich die Vergangenheitsform des unpersönlichen **hay** (es gibt) und wird dementsprechend mit „es gab" übersetzt.

Ayer fuimos a la feria.
gestern (wir-)waren zu die Fest
Gestern waren wir auf dem Fest.

vollendete Gegenwart (Perfekt)

Für die Bildung der vollendeten Gegenwart (Perfekt), z. B. „ich bin gegangen", braucht man zunächst das Mittelwort der Vergangenwort (Partizip II), z. B. „gegangen, gelaufen", das sehr einfach zu bilden ist. Dabei wird die Endung der Grundform durch die Endung des Partizips II ersetzt:

Das Perfekt wird im Allgemeinen für eine Handlung der Vergangenheit benutzt, die erst kürzlich geschehen ist bzw. noch Auswirkungen auf die Gegenwart hat.

-ar → -ado:	**hablar** →	**hablado** (gesprochen)
-er → -ido:	**comer** →	**comido** (gegessen)
-ir → -ido:	**vivir** →	**vivido** (gelebt)

wichtige unregelmäßige Partizipien

abrir	öffnen	**abierto**	geöffnet
cubrir	(zu)decken	**cubierto**	zugedeckt
decir	sagen	**dicho**	gesagt
escribir	schreiben	**escrito**	geschrieben
hacer	machen, tun	**hecho**	gemacht, getan
morir	sterben	**muerto**	gestorben
poner	stellen, legen	**puesto**	gestellt, gelegt
romper	brechen	**roto**	gebrochen, kaputt
ver	sehen	**visto**	gesehen

Achtung: Anders als im Deutschen werden die zusammengesetzten Zeiten niemals mit dem Hilfsverb „sein“ gebildet!

Das Perfekt ist eine Kombination aus den Gegenwartsformen des Hilfsverbs **haber** (haben) und dem Partizip II des jeweiligen Verbs. Dabei wird nur das Hilfsverb gebeugt, während das Partizip II unverändert bleibt:

he		ich habe	
has		du hast	
ha	**comido**	er/sie hat, Sie haben	gegessen
hemos		wir haben	
han		ihr habt	
han		sie/Sie haben	

He caminado. (nicht: **estoy caminado**)
(ich-)habe gegangen *(bin gegangen)*
ich bin gegangen

Im Satz gilt die Perfekt-Konstruktion (**haber** + Partizip II) als geschlossene Einheit, in die nichts eingefügt wird.

He llegado hoy.
(ich-)habe angekommen heute
Ich bin heute angekommen.

einfache Zukunft (Futur I)

Für die Zukunft gibt es eine eigene Beugungsform, im Spanischen **futuro imperfecto** genannt. Die Beugungsendungen für die Bildung der Zukunft sind bei allen Beugungsklassen gleich; sie werden an den vollständigen Infinitiv (Grundform) angehängt (hier durch Bindestriche abgetrennt).

vivir	leben
vivir-é	ich werde leben
vivir-ás	du wirst leben
vivir-á	er/sie wird leben, Sie werden leben
vivir-emos	wir werden leben
vivir-án	ihr werdet leben
vivir-án	sie/Sie werden leben

Viajaré a Quito en diez minutos.
(ich-)werde-reisen zu Quito in zehn Minuten
Ich reise in zehn Minuten nach Quito.

Estará contento/contenta con la habitación.
(er/sie-)wird-sein zufrieden(m/w) mit die Zimmer
Sie werden mit dem Zimmer zufrieden sein!

Die Zukunftsform wird auch verwendet, um eine Vermutung auszudrücken.

¿Qué hora será?
welche Stunde (sie-)wird-sein
Wie spät mag es sein?

einfache Zukunft (Umgangssprache)

Hier werden die „normalen" Zukunftsformen durch eine Umschreibung ersetzt, und zwar durch gebeugtes **ir** (gehen) + **a** (zu) + Grundform des jeweiligen Verbs:

Voy a viajar a Quito en diez minutos.
(ich-)gehe zu reisen zu Quito in zehn Minuten
In zehn Minuten reise ich nach Quito.

Vamos a ver.
(wir-)gehen zu sehen
Wir werden sehen.

Modalverben (können, müssen, sollen ...)

Modalverben – sie werden in der Regel in Verbindung mit Vollverben gebraucht und sind dann gebeugt – geben der Satzaussage einen zusätzlichen Bedeutungsaspekt (Notwendigkeit, Möglichkeit, Verpflichtung etc.).

Beachten Sie: Zwischen deutschen und spanischen Modalverben gibt es keine exakten Entsprechungen.

deber	poder	querer	saber	tener que
debo	puedo	quiero	sé	tengo que
debes	puedes	quieres	sabes	tienes que
debe	puede	quiere	sabe	tiene que
debemos	podemos	queremos	sabemos	tenemos que
deben	pueden	quieren	saben	tienen que
deben	pueden	quieren	saben	tienen que

deber (müssen, sollen, dürfen)

Mit **deber** wird zumeist eine Notwendigkeit bezeichnet, die sich häufig aus einer (moralischen) Verpflichtung ergibt.

Debo apoyar esa idea.
(ich-)muss unterstützen diese Idee
Ich muss diese Idee unterstützen.

Debo ir a mi trabajo.
(ich-)muss gehen zu mein Arbeit
Ich muss zur Arbeit gehen.

Deber *als Vollverb bedeutet „schulden, (jemand etwas) schuldig sein".*

¿Cuánto te debo?
wieviel dir (ich-)schulde
Wie viel schulde ich dir?

poder/saber (können)

¿Puedo venir a la fiesta?
(ich-)kann kommen zu die Feier
Darf ich zur Feier kommen?

No puedo* / sé cantar.**
nicht (ich-)kann/weiß singen
Ich kann nicht singen.
(z. B. *weil heiser/**weil nicht gelernt)

¡No puedo más!
nicht (ich-)kann mehr
Ich kann nicht mehr!

¡Aquí no se puede fumar!
hier nicht sich (er/sie-)kann rauchen
Man darf hier nicht rauchen!

Ustedes saben hablar el idioma castellano.
Sie(Mz) wissen sprechen der Sprache Castellano
Sie können Spanisch (sprechen).

Mit **poder** *wird eine Möglichkeit/Fähigkeit ausgedrückt, die von äußeren Umständen oder dem Willen (Erlaubnis) anderer abhängt. Mit* **saber** *(wissen) dagegen bezeichnet man eine erlernte oder angeborene Fähigkeit.*

querer (wollen)

Quiero leer el libro.
(ich-)will lesen der Buch
Ich will das Buch lesen.

¿Quieres ir a Latacunga?
(du-)willst gehen zu Latacunga
Willst du nach Latacunga gehen?

Mit **querer** *drückt man einen Wunsch oder Willen aus.*

Bei einem höflich geäußerten Wunsch benutzt man statt **quiero** (ich will) die Möglichkeitsform **quisiera** (ich würde wollen).

Quisiera un poco de pan, por favor.
(ich-)würde-wollen ein wenig von Brot, für Gefallen
Ich möchte bitte etwas Brot.

Beachten Sie: **querer** *als Vollverb bedeutet „lieben".*

Te quiero.
dich (ich-)liebe
Ich liebe dich.

tener que (müssen)

Mit **tener que** *wird eine Notwendigkeit (Zwang) angezeigt.*

Tengo que ir a Baños.
(ich-)besitze dass gehen nach Baños
Ich muss nach Baños gehen.

Rückbezügliche Verben

Rückbezügliche (reflexive) Verben haben in der Grundform stets die zusätzliche Endung **-se** („sich"), z. B. **lavarse** (sich waschen). Bei der Beugung trennt sich **-se** von der Grundform und wird zu einem selbständigen rückbezüglichen Fürwort, das vor dem Verb steht.

lavarse	sich waschen
me lavo	ich wasche mich
te lavas	du wäschst dich
se lava	er/sie wäscht sich, Sie waschen sich
nos lavamos	wir waschen uns
se lavan	ihr wascht euch
se lavan	sie/Sie (Mz) waschen sich

Nos casamos el próximo mes.
uns (wir-)verheiraten der nächste Monat
Wir heiraten nächsten Monat.

Quiero casarme la próxima semana.
(ich-)will verheiraten-mich die nächste Woche
Ich will nächste Woche heiraten.

Das rückbezügliche Fürwort steht direkt vor dem Verb. In einer Modalkonstruktion wird es an die Grundform angehängt.

levantarse	aufstehen
desvestirse	ausziehen
bañarse	baden
quedarse	bleiben
casarse	heiraten
irse	weggehen
acostarse	zu Bett gehen
llamarse	heißen
despertarse	aufwachen
callarse	schweigen
detenerse	stehen bleiben
pelearse	streiten, kämpfen
pasearse	spazieren gehen
atreverse	wagen

Einige spanische Verben, die immer rückbezüglich sind, sind dies im Deutschen nicht.

Me voy.
mich (ich-)gehe
Ich gehe weg.

Me llamo Juan.
mich (ich-)nenne Juan
Ich heiße Juan.

Se quedan en la playa.
sich (sie-)bleiben in die Strand
Sie bleiben am Strand.

Se habla español/alemán.
man (er-)spricht Spanisch/Deutsch
Man spricht Spanisch/Deutsch.

Se *wird auch verwendet, um das deutsche „man“ auszudrücken.*

Satzstellung

Der Satzbau ist im Spanischen in der Regel wie im Deutschen. Wichtig ist, dass die gebeugten persönlichen Fürwörter, die rückbezüglichen Fürwörter sowie die Verneinung **no** (nicht) anders als im Deutschen immer direkt vor dem Verb stehen.

Der einfache Aussagesatz folgt meist folgendem Schema:

SUBJEKT **Satzgegenstand**	**PRÄDIKAT** **Satzaussage**	**OBJEKT** **Satzergänzung**
El niño	**toma**	**el jugo.**
der Kind	*(er-)trinkt*	*der Saft*
Das Kind	trinkt	den Saft.
Nosotros	**te damos**	**la llave.**
wir	*dir (wir-)geben*	*die Schlüssel*
Wir	geben dir	den Schlüssel.
Ellas	**creen**	**en Dios.**
sie(w,Mz)	*(sie-)glauben*	*in Gott*
Sie	glauben	an Gott.

Selbst wenn ein Umstandswort (Adverb) oder ein anderes Wort vorangestellt wird, bleibt das Grundschema erhalten; es folgt keine Umstellung von Subjekt und Prädikat wie im Deutschen.

Hoy el Señor Rodríguez va al cine.
heute der Herr Rodriguez geht zu-der Kino
Heute geht Herr Rodríguez ins Kino.

Verneinung

Aussagesätze werden durch **no** (nein, nicht) verneint, das grundsätzlich vor der Satzaussage (Prädikat) steht.

No te creo.
nicht dir (ich-)glaube
Das glaube ich dir nicht.

Nosotros no podemos entender.
wir nicht (wir-)können verstehen
Wir können (es) nicht verstehen.

No tengo tiempo.
nicht (ich-)besitze Zeit
Ich habe keine Zeit.

Im Spanischen wird auch dann das Verb verneint, wenn sich im Deutschen die Verneinung auf das Hauptwort bezieht.

Die unbestimmten Verneinungsfürwörter (niemand, nichts, niemals usw.) benötigen eine besondere Konstruktion, die eigentlich eine verdoppelte Verneinung darstellt. Hierbei wird das Verb mit **no** (nein, nicht) verneint und das spezielle Verneinungswort normalerweise an das Satzende gestellt.

no ... ninguno/ninguna	keiner (m)/keine (w)
no ... nadie	niemand
no ... nunca	niemals
no ... jamás, no ... nada	nichts
no ... tampoco	auch nicht
no ... en ninguna parte	nirgends
no ... a ninguna parte	nirgendwohin
no ... de ninguna parte	nirgendwoher

Die verdoppelte Verneinung ergibt keinen positiven Sinn!

No hay nadie como tú.
nicht es-gibt niemand wie du
Es gibt niemanden wie dich.

No entiendo nada.
nicht (ich-)verstehe nichts
Ich verstehe nichts.

Die Verneinung des Verbs entfällt, wenn das besondere verneinende Wort dem Verb (z. B. „nie, nichts ...“) vorangestellt ist:

Yo tampoco hablo castellano.
ich auch-nicht (ich-)spreche Castellano
Ich spreche auch kein Spanisch.

Nunca me preguntaste.
niemals mich (du-)fragtest
Du hast mich nie gefragt.

Fragen

Entscheidungsfragen sind Fragen, die man nur mit **sí** (ja) oder **no** (nein) beantworten kann.

Entscheidungsfragen

In der Regel wird in der Frage Satzgegenstand (Subjekt) und Satzaussage (Prädikat) gegenüber der Wortstellung im normalen Aussagesatz vertauscht.

Éste es tu libro.
dieses (er-)ist dein Buch
Dieses ist dein Buch.

¿Es éste tu libro?
(er-)ist dieses dein Buch
Ist dieses dein Buch?

Ésto es el camino hacia ...
dies (er-)ist der Weg nach
Das ist der Weg nach ...

¿Es éste el camino hacia ...?
(er-)ist dies der Weg nach
Ist das der Weg nach ...?

¿Tú vives en Ecuador?
du lebst in Ecudor
Du lebst in Ecuador?

anstatt:
¿Vives tú en Ecuador?
lebst du in Ecuador
Lebst du in Ecuador?

In Ecuador wird bei Fragen oft die Wortstellung des normalen Satzbaus beibehalten.

Ergänzungsfragen

Ergänzungsfragen werden durch Fragewörter eingeleitet; man antwortet mit einem vollständigen Satz. Auch hier werden Satzgegenstand und Satzaussage umgestellt.

¿Cuánto tiempo estás en Ecuador?
wieviel Zeit (du-)bist in Ecuador
Wie lange bist du in Ecuador?

¿De dónde eres tú?
von wo (du-)bist du
Woher kommst du?

¿Cuánto cuesta éste?
wieviel (er/sie-)kostet dieses
Wie viel kostet dieses?

¿Adónde vas?
zu-wo (du-)gehst
Wohin gehst du?

¿Cuándo llega el autobús?	**¿Cómo te llamas?**
wann (er-)ankommt der Bus	*wie dich (du-)rufst*
Wann kommt der Bus an?	Wie heißt du?

¿Quién es?	**¿Qué es eso?**	**¿Dónde vives?**
wer (er/sie-)ist	*was ist dieses*	*wo (du-)wohnst*
Wer ist das?	Was ist das?	Wo wohnst du?

Da viele Fragewörter mit Bindewörtern identisch sind, werden sie mit einem Akzent versehen, um sie voneinander unterscheiden zu können; z. B. **¿cuándo?** *(wann?), aber* **cuando** *(wenn, als).*

¿(desde) cuándo?	(seit) wann?
¿por qué?	warum?
¿qué?	was?
¿cuál?	welche/r?
¿quién?	wer?
¿cómo?	wie?
¿cuánto?	wie viel?
¿cuántos/cuántas? (m/w Mz)	wie viele?
¿cuánto tiempo?	wie lange?
¿dónde?	wo?
¿para qué?	wofür?
¿de dónde?	woher?
¿adónde?	wohin?

Auffordern & Befehlen

Die Bildung der Befehlsform (Imperativ) ist einfach, wenn man den Ansprechpartner duzt. Dann ist die Befehlsform mit der 3. Person Einzahl Gegenwart („er/sie-...") identisch.

habla	er/sie spricht	**¡habla!**	sprich!
come	er/sie isst	**¡come!**	iss!
vive	er/sie lebt	**¡vive!**	lebe!

¡Déjame ver!
(er/sie-)lässt!-mich sehen
Lass mich sehen!

¡Vive la vida!
(er/sie-)lebt! die Leben
Lebe das Leben!

¡Habla más alto!
(er/sie-)spricht! mehr laut
Sprich lauter!

¡Come, Santiago!
(er-)isst!, Santiago
Iss, Santiago!

In der Wort-für-Wort-Übersetzung ist die Befehlsform mit einem Ausrufezeichen gekennzeichnet.

Fordert man mehrere Personen, die man duzt, zu etwas auf, geht man von der 3. Person Mehrzahl („sie“) aus: Die Endung **-an** wird durch **-en** ersetzt und **-en** durch **-an.**

hablan	sie sprechen
¡hablen!	sprecht!, sprechen Sie!
comen	sie essen
¡coman!	esst!, essen Sie!
viven	sie leben
¡vivan!	lebt!, leben Sie!

Siezt man jemanden, geht man von der Du-Befehlsform Einzahl aus: Dabei wird die Endung **-a** durch **-e** ersetzt und **-e** durch **-a**.

Im Castellano bezeichnet man diese Form als Möglichkeitsform.

¡habla!	sprich!	**¡hable!**	sprechen Sie!
¡come!	iss!	**¡coma!**	essen Sie!
¡vive!	lebe!	**¡viva!**	leben Sie!

¡Hable usted!
(er/sie-)spreche! Sie
Sprechen Sie!

¡Beba usted!
(er/sie-)trinke! Sie
Trinken Sie!

¡Viva usted bien!
(er/sie-)lebe! Sie gut(Umst.)
Leben Sie wohl!

Oft wird der Sie-Befehlsform darüber hinaus **usted** *nachgestellt.*

Wichtige unregelmäßige Befehlsformen sind:

dar *(geben)*	**¡da!** (gib!)	**¡dé!** (geben Sie!)
decir *(sagen)*	**¡di!** (sag!)	**¡diga!** (sagen Sie!)
estar *(sein)*	**¡está!** (sei!)	**¡esté!** (seien Sie!)
haber *(haben)*	**¡he!** (hab!)	**¡haya!** (haben Sie!)
hacer *(machen)*	**¡haz!** (mach!)	**¡haga!** (machen Sie!)
ir(se) *(gehen)*	**¡ve(te)!** (geh!)	**¡vaya(se)!** (gehen Sie!)
oir *(hören)*	**¡oye!** (hör!)	**¡oiga!** (hören Sie!)
salir *(weggehen)*	**¡sal!** (geh fort!)	**¡salga!** (gehen Sie fort!)
ser *(sein)*	**¡sé!** (sei!)	**¡sea!** (seien Sie!)
tener *(haben, besitzen)*	**¡ten!** (hab!)	**¡tenga!** (haben Sie!)
venir *(kommen)*	**¡ven!** (komm!)	**¡venga!** (kommen Sie!)
ver *(sehen)*	**¡ve!** (sieh!)	**¡vea!** (sehen Sie!)

¡Ven aquí!	**¡Venga aquí!**
komm! hier	*(er/sie-)komme! hier*
Komm her!	Kommen Sie hierher!

Die Sie-Befehlsform wird mit vorangestelltem **no** *(nicht) verneint.*

¡hable!	sprechen Sie!
¡no hable!	sprechen Sie nicht!
¡haga!	machen Sie!
¡no haga!	machen Sie nicht!

Bei der Verneinung der Du-Befehlsform wird die Möglichkeitsform **(subjuntivo)** verlangt, auf deren Erklärung wir hier aus Gründen der Übersicht verzichten. Sicherlich wird man auch verstanden, wenn man der Befehlsform einfach nur **no** voranstellt.

Gebeugte persönliche sowie die rückbezüglichen Fürwörter werden an eine Befehlsform angehängt:

se va	**¡vete!**	**¡váyase!**
er/sie geht weg	geh weg!	gehen Sie weg!

Verlaufsform

Die im Spanischen sehr häufig verwendete Verlaufsform ist eine Konstruktion, die in vergleichbarer Form im Deutschen nicht benutzt wird (wohl aber im Englischen). Man bezeichnet damit eine gerade ablaufende Handlung. Die Verlaufsform setzt sich aus der jeweiligen gebeugten Form von **estar** (sein) und dem Partizip I (Mittelwort der Gegenwart, z. B.: „sprechend, essend") zusammen.

Wie das Partizip II (z. B. „gesprochen, gegessen") wird auch das Partizip I ganz regelmäßig gebildet, indem die Endung der Grundform durch **-ando** bzw. **-iendo** ersetzt wird.

-ar → -ando:	**hablar** →	**hablando** (sprechend)
-er → -iendo:	**comer** →	**comiendo** (essend)
-ir → -iendo:	**vivir** →	**viviendo** (lebend)

Estoy escribiendo una carta.
(ich-)bin schreibend eine Brief
Ich schreibe gerade einen Brief.

Estamos caminando.
(wir-)sind gehend
Wir gehen gerade.

Bindewörter

Aus der Vielzahl der Bindewörter (Konjunktionen), die Sätze oder Satzteile verknüpfen, seien hier die wichtigsten genannt.

Einige Bindewörter werden in verschiedenen Bedeutungen verwendet.

y – o – pero	und - oder - aber
aunque	obwohl
sino	sondern
sin embargo	jedoch
porque	weil
si	wenn, falls; ob
cuando	wenn, als; sobald
como	wie; da
que	dass; welche(r, -s)

que

Die Funktionen von **que** sind besonders vielfältig. Es übernimmt die Bedeutung des deutschen „dass“, tritt aber auch als Relativpronomen „welcher, welche, welches“ oder als Vergleichspartikel „als“ im Vergleichssatz auf:

Me dijo que no sabe nadar.
mir (er-)sagte dass nicht (er-)weiß schwimmen
Er sagte mir, dass er nicht schwimmen kann.

Él está más feliz que ella.
er (er-)ist mehr glücklich als sie
Er ist glücklicher als sie.

la mujer que me quiere
die Frau welche mich (sie-)liebt
die Frau, die mich liebt

Verhältniswörter

Verhältniswörter (Präpositionen) stehen grundsätzlich vor dem Haupt- oder Fürwort, auf das sie sich beziehen. Mit ihnen kann man zeitliche, örtliche und allgemeine Beziehungen der Art und Weise ausdrücken.

a	nach, zu	**en**	in, an auf
al lado de	neben	**enfrente de**	gegenüber
antes de	vor (zeitl.)	**encima de**	auf, über
atrás	hinter	**entre**	zwischen
bajo	unter	**fuera**	außerhalb
cerca de	in der Nähe	**hacia**	in Richtung
con	mit	**hasta**	bis
de	von, aus	**junto a**	neben
delante de	vor	**lejos**	weit entfernt
dentro de	innerhalb	**para**	für
desde	seit	**por**	wegen, für, durch
después de	nach (zeitl.)	**según**	gemäß
detrás de	hinter	**sin**	ohne
durante	während	**sobre**	auf

Wie in jeder Sprache bereitet die richtige Anwendung dem Lernenden größere Probleme. Besonders **para** *und* **por** *lassen sich anfangs schwer unterscheiden.*

Esta hamaca es un regalo para mi hermano.
diese Hängematte (sie-)ist ein Geschenk für mein Bruder
Diese Hängematte ist ein Geschenk für meinen Bruder.

Mit **para** *wird ein Zweck, eine Begründung oder eine persönliche Ansicht bezeichnet.*

Él tiene sueltos para el bus.
er (er-)besitzt Kleingeld für der Bus
Er hat Kleingeld für den Bus.

Verhältniswörter

Por wird vor allem für Orts- und Zeitangaben benutzt, aber auch zur Angabe eines Grundes oder einer Ursache. Daneben besitzt es die räumliche Bedeutung „durch“.

Me voy por la vereda.
mich (ich-)gehe für die Bürgersteig
Ich gehe auf dem Bürgersteig.

Salgo temprano por la mañana.
(ich-)verlasse früh für die Morgen
Ich gehe früh am Morgen.

Por eso me voy.
für dieses mich (ich-)gehe
Deshalb gehe ich.

Besonders zu beachten ist, dass man bei dem Hinweis auf das benutzte Verkehrsmittel nicht **con** (mit), sondern **en** (in) verwendet:

No vamos en taxi, sino en (auto)bus.
nicht (wir-)fahren in Taxi, sondern in Autobus
Wir fahren nicht mit dem Taxi, sondern mit dem Bus.

Stehen die Verhältniswörter **a** und **de** vor dem bestimmten männlichen Artikel **el,** bilden sie zusammen mit diesem eine neue Form:

a + el = al	zu dem, zum, nach dem
de + el = del	von dem, vom

Mit dem weiblichen Artikel **(a la/las, de la/las)** und mit dem männlichen Artikel Mehrzahl **(a los, de los)** verschmelzen sie jedoch nicht.

Zahlen & Zählen

Uno (eins) wird (auch in den zusammengesetzten Zahlen) vor einem männlichen Hauptwort zu **un** und vor einem weiblichen Hauptwort zu **una.**

Grundzahlen

0 **cero**	10 **diez**	20 **veinte**
1 **uno, un/una**	11 **once**	30 **treinta**
2 **dos**	12 **doce**	40 **cuarenta**
3 **tres**	13 **trece**	50 **cincuenta**
4 **cuatro**	14 **catorce**	60 **sesenta**
5 **cinco**	15 **quince**	70 **setenta**
6 **seis**	16 **dieciséis**	80 **ochenta**
7 **siete**	17 **diecisiete**	90 **noventa**
8 **ocho**	18 **dieciocho**	100 **cien, ciento**
9 **nueve**	19 **diecinueve**	200 **doscientos**

Im Gegensatz zum Deutschen stellt man die Einer den Zehnern nach, diese wiederum den Hunderten usw. Zwischen Zehner und Einer wird **y** (und) geschoben (Ausnahme: **veinte**).

21 **veintiuno, -ún/-una**	33 **treinta y tres**
22 **veintidós**	74 **setenta y cuatro**
23 **veintitrés**	85 **ochenta y cinco**
31 **treinta y uno/un/una**	96 **noventa y seis**
32 **treinta y dos**	

In Zusammensetzungen mit 100 heißt „100" **ciento,** ab „200" jedoch **cientos** (m) bzw. **cientas** (w), je nach Geschlecht des Bezugswortes.

Achtung bei 500, 700 und 900!

100	**cien (ciento)**	800	**ochocientos/-as**
101	**ciento uno/un/una**	900	**novecientos/-as**
200	**doscientos/-as**	1000	**mil**
300	**trescientos/-as**	2000	**dos mil**
400	**cuatrocientos/-as**	3000	**tres mil**
500	**quinientos/-as**	10.000	**diez mil**
600	**seiscientos/-as**	1 Mio.	**un millón**
700	**setecientos/-as**	1 Mrd.	**mil millones**

In Ecuador kann man die Zahlen zusammen- oder getrennt schreiben: Für die zusammengesetzten Zehnerzahlen stellt man dann zwischen Zehner und den Einer ein **-i-**, *wodurch die Endung* **-a** *des Zehners entfällt.*

Un millón ist, anders als die Zahlwörter **ciento** und **mil,** die immer ohne den unbestimmten Artikel gebraucht werden, ein Hauptwort.

16:	**dieciséis, diez y seis**
34:	**treinticuatro, treinta y cuatro**
144:	**cientocuarenticuatro, ciento cuarenta y cuatro**
238:	**doscientostreintiocho, doscientos treinta y ocho**
1201:	**mildoscientosuno, mil doscientos uno**

sesenta y dos postales	62 Postkarten
sechzig und zwei Postkarten	
mil novecientos noventa y cinco	1995
tausend neunhundert neunzig und fünf	

Ordnungszahlen

Die weibliche Form der Ordnungszahl erhält man, indem man die Endung **-o** *durch* **-a** *ersetzt.*

Ordnungszahlen verhalten sich wie Eigenschaftswörter, stehen dem dazugehörigen Hauptwort jedoch in der Regel voran.

primero	erster	**sexto**	sechster
segundo	zweiter	**séptimo**	siebter
tercero	dritter	**octavo**	achter
cuarto	vierter	**noveno**	neunter
quinto	fünfter	**décimo**	zehnter

11. **décimoprimero**	13. **décimotercero**
12. **décimosegundo**	14. **décimocuarto**

el primer piso/nivel
der erste Stock/Ebene
erster Stock

el segundo piso/nivel
der zweite Stock/Ebene
zweiter Stock

Bei **primero** *und* **tercero** *entfällt die Endung* **-o** *vor männlichen Hauptwörtern.*

Es la tercera vez que estoy en Quito.
(sie-)ist die dritte(w) Mal dass (ich-)bin in Quito
Es ist das dritte Mal, dass ich in Quito bin.

Ecuador es un país del tercer mundo.
Ecuador (er-)ist ein Land von-der dritte Welt
Ecuador ist ein Land der Dritten Welt.

Bruchzahlen

medio	einhalb	**un tercio**	ein Drittel
la mitad	die Hälfte	**un cuarto**	ein Viertel
die Mitte			

Maße & Mengenangaben

un centímetro	1 cm	**un litro**	1 l
un metro	1 m	**un gramo**	1 g
un kilómetro	1 km	**un kilogramo**	1 kg
un galón	1 Gallone	**una tonelada**	1000 kg
un quintal	1 q		

1 Gallone entspricht ca. 4,5 l, **un quintal** *sind etwa ca. 45 kg.*

un puñado	eine Handvoll
una botella	eine Flasche
una ración	eine Portion
una docena	ein Dutzend
un vaso	ein Glas
una pizca	eine Prise (z. B. Salz)

Zeit & Datum

Pünktlichkeit ist nicht gerade die Stärke der Lateinamerikaner. Wir beginnen deshalb mit den allgemeinen Zeitangaben.

allgemeine Zeitangaben

hoy	heute	**después**	nachher
mañana	morgen	**ya**	schon
pasado mañana	übermorgen	**ya no**	nicht mehr
ayer	gestern	**todavía**	noch
anoche	gestern Abend	**todavía no**	noch nicht
anteayer	vorgestern	**ahora**	jetzt
por la mañana	morgens	**inmediatamente**	sofort, gleich
al mediodía	mittags	**en seguida**	bald
por la tarde	nachmittags	**pronto**	bald
por la noche	abends/nachts	**luego, entonces**	dann
diariamente	täglich	**a veces**	manchmal
(más) temprano	früh(er)	**muchas veces**	oft
(más) tarde	spät(er)	**siempre**	immer
antes	vorher	**nunca**	nie

Hoy día es domingo.
heute Tag ist Sonntag
Heute ist Sonntag.

A partir de hoy en dos semanas.
nach weggehen von heute in zwei Wochen
Heute in zwei Wochen.

hace un mes
macht ein Monat
vor einem Monat

Nunca es demasiado tarde.
nie (es-)ist zu spät
Es ist nie zu spät.

Uhrzeit

Die Stunde wird immer mit dem bestimmten Artikel genannt. Da **hora** (Stunde) ein weibliches Hauptwort ist, werden jeweils die weiblichen Formen **(la, las)** gewählt.

Zur Angabe der Uhrzeit wird das Verb **ser** *(sein) benutzt.*

¿Qué hora es?
was Stunde (sie-)ist
Wie spät ist es?

¿Qué horas son?
was Stunden (sie)sind
Wie spät ist es?

Es la una.
(sie-)ist die eine
Es ist ein Uhr.

Son las dos.
(sie-)sind die(Mz) zwei
Es ist zwei Uhr.

Son las trece.
(sie-)sind die(Mz) dreizehn
Es ist dreizehn Uhr.

de la mañana	**de la tarde**	**de la noche**
von die Morgen	*von die spät*	*von die Nacht*
morgens	nachmittags	abends/nachts

Wer die Uhrzeit im 12-Stunden-Rhythmus angibt, gibt auch die Tageszeit an.

Es la una de la tarde.
(sie-)ist die eine von die spät
Es ist 1 Uhr mittags.

Son las diez de la noche.
(sie-)sind die(Mz) zehn von die Nacht
Es ist 10 Uhr nachts.

Minuten, Viertelstunden und halbe Stunden werden zu jeder vollen Stunde mit **y** hinzugezählt oder mit **para** (für) und **menos** (weniger) auf die folgende Stunde bezogen.

las tres y quince
die(Mz) drei und 15
Viertel nach drei

las tres y cuarto
die(Mz) drei und Viertel
Viertel nach drei

las tres y media
die(Mz) drei und halb
halb vier

tres para la una
drei für die eine
drei vor eins

las tres menos dos
die(Mz) drei weniger zwei
zwei vor drei

Es mediodía.
(es-)ist Mittag
Es ist 12 Uhr mittags.

Es medianoche.
(es-)ist Mitternacht
Es ist Mitternacht.

Son las tres en punto.
sind die drei in Punkt
Es ist genau 3 Uhr.

Son las tres y pico.
sind die drei und Spitze
Es ist kurz nach 3 Uhr.

de día	am Tag
de noche	in der Nacht, nachts
por la mañana	morgens, vormittags
hacia mediodía	gegen Mittag
el mediodía	mittags
por la tarde	nachmittags, abends
por la noche	abends, nachts
diariamente	täglich
cada hora	stündlich
semanalmente	wöchentlich
mensualmente	monatlich
anualmente	jährlich

¿A qué hora nos encontramos?
zu welche Stunde uns (wir-)treffen
Um wie viel Uhr treffen wir uns?

A las tres y media.
zu die(Mz) drei und halb
Um halb vier.

Wochentage

lunes	Montag	**sábado**	Samstag
martes	Dienstag	**domingo**	Sonntag
miércoles	Mittwoch	**fin de semana**	Wochenende
jueves	Donnerstag	**día festivo**	Feiertag
viernes	Freitag	**día civico**	Staats-feiertag

Nos vemos el día sábado.
uns (wir-)sehen der Tag Samstag
Wir sehen uns am Samstag.

Todos los días sábados jugamos fútbol.
alle die(Mz) Tage Samstage (wir-)spielen Fußball
Samstags spielen wir Fußball.

Wendungen wie „am Samstag" oder „samstags" werden mit dem bestimmten Artikel ausgedrückt, wobei in der Regel noch **día** *(Tag) hinzugefügt wird.*

Monate

enero	Januar	**julio**	Juli
febrero	Februar	**agosto**	August
marzo	März	**se(p)tiembre**	September
abril	April	**octubre**	Oktober
mayo	Mai	**noviembre**	November
junio	Juni	**diciembre**	Dezember

en mayo
in Mai
im Mai

en el mes de mayo
in der Monat von Mai
im Monat Mai

Datum

Beim Datum wird lediglich der erste des Monats als Ordnungszahl angegeben, sonst werden die Tage als Grundzahlen benannt.

¿Qué fecha tenemos?
was Datum (wir-)besitzen
Welches Datum haben wir?

¿Qué día es?
was Tag (er-)ist
Welchen Tag haben wir?

Bei den Jahreszahlen zählt man nicht wie im Deutschen mit Vielfachen von Hundert (z. B. „Neunzehnhundert"), sondern mit **mil** *(tausend).*

El veinticinco de agosto (de mil novecientos noventa y seis).
der zwanzig-und-fünf von August (von tausend neunhundert neunzig und sechs)
Den 25. August (1996).

¿Qué día tenemos hoy?
was Tag (wir-)besitzen heute
Welchen Tag haben wir heute?

Hoy es domingo.
heute (er-)ist Sonntag
Heute ist Sonntag.

Jahreszeit

la primavera	Frühling	**el otoño**	Herbst
el verano	Sommer	**el invierno**	Winter

Das Wetter

Das Verb **hacer** (machen) findet in der Wetterbeschreibung oft Anwendung:

Hace mucho calor/frío.
(es-)macht viel Wärme/Kälte
Es ist sehr heiß/kalt.

Hace sol.
(es-)macht Sonne
Die Sonne scheint.

Hay neblina.
es-gibt nebelig
Es ist nebelig.

Hay mucho sol.
es-gibt viel Sonne
Die Sonne ist sehr stark.

Deja/Para de llover.
(es-)lässt/(es-)anhält von regnen
Es hat aufgehört zu regnen.

¿Qué tiempo hará?
was Wetter (er-)haben-wird
Wie wird das Wetter?

¿A qué temperatura estamos?
zu was Temperatur (wir-)sind
Wie viel Grad haben wir?

Estamos diez grados bajo cero.
(wir-)sind zehn Grade unter Null
Wir haben minus 10 Grad.

¿Seguirá el mal tiempo?
(es-)wird-fortsetzen der schlechte Wetter
Bleibt das Wetter schlecht?

Va a llover.
(es-)geht zu regnen
Es sieht nach Regen aus.

Naturlandschaft

Ecuadors Naturlandschaft ist reich an Tieren und Pflanzen. Dazu kommt die Gliederung des Landes in vier völlig verschiedene, typische Landschaftsformen: dem Andenhochland, dem Amazonas-Tiefland, dem Küstentiefland und den Galápagos-Inseln.

Es sind in Ecuador über 20.000 Pflanzenarten, über 1500 Vogelarten, mehr als 300 Säugetiere, 400 Amphibien und viele tausend Insekten bekannt.

geographische Begriffe

el norte Norden
el occidente/oeste Westen
el sur Süden
el oriente/este Osten
línea equinoccial ecuatorial) Äquator
selva, jungla Urwald
río Fluss
riachuelo (m) Bach
catarata Wasserfall
cueva Höhle
terremoto Erdbeben
temblor (m) Erderschütterung
sierra Bergkette
cerro Berg
pico Berggipfel
llano Hochebene
cascada Wasserfall
campo Feld
valle (m) Tal

laguna Lagune
páramo Vegetationszone im Hochgebirge
cordillera Gebirgszug
cráter Vulkankrater
caldera Einsturzkrater
afluente Flussmündung
volcán (m) Vulkan
barranco tiefe Schlucht
lago See
costa Küste
roca Stein
isla Insel
bahía Bucht
corriente (w) Strömung
mar (m) Meer
playa Strand
arena Sand
duna Düne

Bergsteigen

Wer in die Schneeberge Ecuadors steigen will, wird das möglicherweise mit einem einheimischen Führer tun, der nur Spanisch spricht und versteht. Hier einige wichtige Wörter, die weiterhelfen:

botas (w Mz) (Berg-)Stiefel
andinismo Andinismus
andinista (m/w) Andinist
pica Eispickel
guía (m/w) Führer
cumbre (w), **cima** Gipfel
guantes (m Mz) Handschuhe
(el metro de) altura Höhe(nmesser)
refugio Hütte
colchón (m) **de protección** Isomatte
gorra Mütze
mochila Rucksack
sleeping bag (m) Schlafsack
gafas de nieve (w Mz) Schneebrille
cuerda Seil
grampones (m Mz) Steigeisen
carpa Zelt
montaña Berg

tormenta Gewitter
glaciar (m) Gletscher
grieta Gletscherspalte
granizo Hagel
niebla Nebel
neblina nebelig
lluvia Regen
nieve (w) Schnee
nevados (m Mz) Schneeberge
límite (m) **de nieve** Schneegrenze
avalancha Schneelawine
vista Sicht
llovizna Sprühregen
nubes (w Mz) Wolken
bajar absteigen
subir aufsteigen
plano flach
despacio langsam
escarpado steil
heladura Erfrierung
soroche (m) Höhenkrankheit
dedos ateridos steife Finger/Zehen

¿Vamos a subir el Cotopaxi hasta la cumbre?
(wir-)gehen zu aufsteigen der Cotopaxi bis die Gipfel
Wollen wir den Cotopaxi bis zum Gipfel besteigen?

No, no me es posible.
nein, nicht mir (es-)ist möglich
Nein, das schaffe ich nicht.

Mi cabeza me duele mucho.
mein Kopf mir (sie-)wehtut viel
Mein Kopf tut mir sehr weh.

Entonces, bajamos.
also, (wir-)heruntersteigen
Also steigen wir ab.

Tengo frío.
(ich-)besitze kalt
Mir ist kalt.

No me siento bien.
nicht mich (ich-)fühle gut(Umst.)
Ich fühle mich nicht gut.

Estoy cansado/cansada.
(ich-)bin müde(m/w)
Ich bin erschöpft. (sagt Mann/Frau)

¿Podemos hacer una pausa?
(wir-)können machen eine Pause
Können wir eine Pause machen?

am Meer

An der Küste Ecuadors und auf Galápagos gibt es ausgedehnte Strände, die zum Sonnenbad und Wassersport einladen.

sol (m) Sonne
sombra Schatten
sombrilla Sonnenschirm
alba (m), **amanecer** (m) Sonnenaufgang
puesta del sol (w), **ocaso** (m) Sonnenuntergang
quemadura del sol Sonnenbrand
insolación Sonnenstich
gafas (Mz) Sonnenbrille

aceite/crema bronceadora Sonnenöl/-creme
terno de baño (m) Badeanzug /-hose
bikini (m) Bikini
sombrero Hut
hamaca Hängematte
marejada Seegang
ola Welle
agua clara/turbia klares/trübes Wasser
nadar schwimmen
broncearse sich bräunen
pelarse sich schälen

Hafen

bote, lancha Boot
barca großes Schiff
capitanía de puerto Hafenbehörde
panga Kanu, Beiboot
barco kleines Schiff
velero Segelboot
tabla de surfear Surfbrett
yate (m) Yacht
esnorkel Schnorchel
esnorquelar schnorcheln

traje térmico (m) Tauchanzug
equipo de bucear Tauchausrüstung
bucear tauchen
inmersión Tauchgang
guía de bucear (m) Tauchlehrer/Führer
máscara Tauchmaske
altímetro Tiefenmesser
profundidad del agua Wassertiefe

tauchen

cinturón de plomo Bleigürtel
escala de descompresión Dekompressionstabelle
aletas (Mz) Flossen

respirador Lungenautomat
tanque de oxígeno (m), **bombona** Pressluftflasche
chaleco salvavidas Rettungsweste

angeln

caña de pescar Angel
anzuelo Angelhaken
pescar fischen

pescador (m) Fischer
red (w) **de pescar** Fischernetz
carnada Köder

Tiere (animales)

Haustiere

burro Esel
gallo Hahn
gallina Huhn
perro Hund
gato Katze
vaca Kuh
cordero Lamm

mula Maultier
cuy Meerschweinchen
caballo Pferd
chivo, oveja Schaf
chancho Schwein
cabra Ziege

frei lebende Tiere

mono Affe
oso hormiguero Ameisenbär
anaconda Anaconda
gato de monte Bergkatze
murciélago Fledermaus
rana, sapo Frosch

zorro Fuchs
armadillo Gürteltier
venado Hirsch
jaguar (m) Jaguar
caimán Kaiman
conejo Kaninchen
coral (m) Koralle, Korallenschlange
cocodrilo Krokodil

iguana Leguan
ratón Maus
puma (m) Puma
rata Ratte
escorpión (m) Skorpion

zorrillo Stinktier
tapir Tapir
comadreja Wiesel
llama Lama

Vögel

águila Adler
guacamayo Ara
pato Ente
halcón Falke
picaflor Kolibri
cóndor Kondor
loro Papagei

cuervo Rabe
garza Reiher
golondrina Schwalbe
carpintero Specht
tucán Tukan
pájaro Vogel
buho Uhu

Insekten

hormiga Ameise
mosca Fliege
pulga Floh
luciérnaga Glühwürmchen
grillo Grille
cucaracha Kakerlake
piojo Laus

mosquito Moskito
mariposa Schmetterling
araña Spinne
zancudo Stechmücke
avispa Wespe
abeja Biene

Fische & Meerestiere

pescado Fisch
trucha Forelle
camarón Garnele
bacalao Kabeljau
pulpo Krake
langosta Languste
langostino Langustine
manta raya Manta
culebra de mar Moräne

medusa Qualle
churo Schnecke
pepino de mar Seegurke
estrella de mar Seestern
erizo (de mar) Seeigel
mero Zackenbarsch

Tierwelt Galápagos

Der Insel-Archipel Galápagos, 1000 Kilometer vor der Küste Ecuadors, ist ein Inselparadies mit einzigartiger Flora und Fauna.

Ein Großteil der Tiere und Pflanzen kommt nur hier auf Galápagos und sonst nirgendwo auf der Welt vor.

albatros Albatros
ostrero Austernfischer
piquero patas azules Blaufußtölpel
garzón azulado Blaureiher
gavilán Bussard
pinzón (Darwin-)Fink
delfín Delphin
lagartija Eidechse
patillo Ente
flamenco, flamingo Flamingo
cormorán no volador flugunfähiger Kormoran
fragata Fregattvogel
garza nocturna Gelbkronen-Nachtreiher
tiburón Hai
iguana terrestre Landechse
garza de lava Lava-Reiher
piquero enmascarado Maskentölpel

iguana marina Meerechse
tortuga marina Meeresschildkröte
gaviota Möwe
pelícano Pelikan
foca peletera Pelzrobbe
pingüino Pinguin
pachay Ralle
tortuga gigante Riesenschildkröte
piquero patas rojas Rotfußtölpel
rabijunco piquirrojo Rotschnabel-Tropikvogel
mosquero bermellón Rubinthyrann
culebra Schlange
lobo marino Seelöwe
sinsonte Spottdrossel
lechuza de campo, buho orejicorto Sumpfohreule
paloma Taube
ballena Wal
sayapa Kliffkrabbe

Pflanzen (plantas)

Nutzpflanzen

achiote (m) Achiote
banano Bananenstaude
algodón (m) Baumwolle
fréjol (m) Bohne
maní (m) Erdnuss
cebada Gerste
avena Hafer
café (m) Kaffee
cacao Kakao
cardamomo Kardamom

papa (m) Kartoffel
cocotero Kokospalme
maís (m) Mais
yuca Maniok
arroz (m) Reis
soya Soja
girasol (m) Sonnenblume
tabaco Tabak
trigo Weizen
caña de azúcar Zuckerrohr

Bäume

acacia Akazie
balsa Balsabaum
bucare Bucare
eucalipto Eukalyptus
ceibo Kapokbaum
pino Kiefer
arrayán (m) Myrte

palmera Palme
tagua Taguabaum
teca Teakbaum
cedro Zeder
ciprés Zypresse
cacto (m) Kaktus

Blumen

buganvilla (flor de verano) Bougainvillea (Blume des Sommers)
dalia Dalie
cucarda Hibiskus
hortensia Hortensie
lirio Lilie
margarita Margarite

trinitaria Oleander
orquídea Orchidee
rosa Rose
suace llorón (m) Trauerweide
flor de pascua (w) Weihnachtsstern
clavel Nelke

Kurz-Knigge

Das Land Ecuador ist durch den Einfluss der Spanier **europäisch geprägt,** wenngleich natürlich kulturelle Unterschiede offensichtlich sind. Es gibt sowohl sprachliche als auch religiöse Gemeinsamkeiten, und so wird der Besucher eigentlich kaum in die Verlegenheit kommen sich in Ecuador völlig fremd zu fühlen. Wer sich nicht überheblich in einem Land der Dritten Welt aufführt, und den Menschen mit dem nötigen Respekt begegnet, der wird auf Gastfreundlichkeit, Hilfsbereitschaft und Herzlichkeit treffen, wie man das bei uns zu Hause kaum erleben dürfte.

Es gibt natürlich Ungewohntes, was man in einer schnelllebigen westlichen Welt nicht kennt. So wird in Ecuador alles etwas gemütlicher angegangen, und das bekannte **mañana** (morgen) kann auch **pasado mañana** (übermorgen) oder **próxima semana** (nächste Woche) bedeuten. Die **Pünktlichkeit** und das Einhalten von Terminen ist nicht gerade die Stärke der Lateinamerikaner und auch in Ecuador muss eine Verabredung nicht unbedingt eingehalten werden. Sie ist eher als Vorschlag zu verstehen, der nicht als verbindlich angesehen werden muss.

Die **Kleidung** der Ecuadorianer in der Stadt ist immer formell. Das gilt besonders für den Mann. Selbst bei extremer Hitze

Am Strand sind Shorts, Miniröcke und allerknappste Bikinimode gang und gäbe. Baden oben ohne dagegen ist in ganz Ecuador unüblich, weil dies gegen die moralischen Grundsätze des Landes verstößt.

würde er am Arbeitsplatz oder im vollbesetzten Bus niemals die lange gegen eine kurze Hose tauschen, Sandalen anstelle der festen Schuhe tragen oder gar seine Krawatte abnehmen. Frauen tragen in der Öffentlichkeit selten Blusen ohne einen BH darunter.

Das Händeschütteln zur **Begrüßung,** wie bei uns zu Hause bekannt, ist in Ecuador relativ unüblich. Unter Freunden reichen sich Männer untereinander die rechte Hand und klopfen sich im selben Moment mit der linken Hand gegenseitig auf die Schulter. Frauen untereinander sowie Frauen und Männer begrüßen und verabschieden sich mit einem Kuss auf die Wange. Dabei nimmt man sich auch gern in den Arm, was dagegen unter Männern unüblich ist.

Die Bezeichnung **indio** für die indianische Bevölkerung Ecuadors ist diskriminierend, weshalb besser der Begriff **indígena** verwendet werden sollte.

Typische Gesten & Handzeichen

Beim **Zählen mit der Hand** benutzen die Ecuadorianer zuerst den kleinen Finger und nicht den Daumen.

Ein **erhobener Zeigefinger,** der hin- und herbewegt wird, bedeutet „nein".

Hinweis für die Ecuadorbesucherin

Dem **Hinterherpfeifen** auf der Straße ist keinerlei besondere Bedeutung beizumessen. Solange es ignoriert wird, sind Berührungsängste unnötig. Das **Ansprechen** auf der Straße bedeutet aber trotzdem nicht zwangsläufig sofort eine Anmache. Eine Frau sollte sich nicht gleich belästigt fühlen.

Während in der konservativeren **Sierra** noch stark an **moralischen Grundsätzen** festgehalten wird, ist das an der **Costa** zwar weniger der Fall, aber eine scheinbare sexuelle Freizügigkeit sollte keineswegs missverstanden werden. Wer als Mann sexuellen Kontakt zu einer Latina hat, muss sehr gut abschätzen können, mit welcher Latina er es zu tun hat. Es gibt wirklich nur wenige Frauen, die sich über alte Traditionen hinwegsetzen (können), und die ihr eigenes Leben leben. Viele Frauen in Ecuador heiraten immer noch sehr jung, und die drei magischen K – Kind, Küche, Kirche – sind in die Erziehung der Frau fest integriert. Es kann also durchaus sein, dass ein engerer Kontakt zu einer Latina größere Probleme aufwirft, wenn nicht vorher eindeutig geklärt ist, was der eine von dem anderen will.

Hinweis für den Ecuadorbesucher

An der tropisch-heißen Küste sind die Ecuadorianer(innen) locker, ungezwungen und spontan, wie man das bei uns zu Hause nicht kennt. Kontakt ist sehr schnell hergestellt und auch ein Flirt gehört zum Leben in der Sonne dazu.

Namen & Anrede

Wie die Spanier auf der Iberischen Halbinsel führen auch die Ecuadorianer zwei Nachnamen **(apellidos):** als ersten den des Vaters und als zweiten den der Mutter.

Im Allgemeinen wird nur der Nachname des Vaters verwendet, bei förmlichen Anreden (Brief etc.) jedoch wird immer der vollständige Name angegeben.

Namen

Alicia Maria	Yanez	Cossios
(1. + 2. Vorname	*Nachname Vater*	*+Mutter)*

Anrede

Ältere Personen werden immer mit besonderem Respekt behandelt, was sich auch in der sprachlichen Umgangsform ausdrückt. Während Sie den jüngeren Gesprächspartner duzen, werden Sie selbst gesiezt.

Bei der höflichen Anrede verwendet man in der Regel die Formen **Señor** und **Señora.**

Señor Yanez	**Señora Yanez**
Herr Yanez	Frau Yanez

Es ist üblich, den Anredetitel ohne den Nachnamen zu benutzen:

Señor, ¿cuándo llegamos a Durán?
Herr, wann (wir-)erreichen zu Durán
Sagen Sie, wann erreichen wir Durán?

Junge Leute untereinander duzen sich. Dabei fallen umgangssprachlich häufig die Redewendungen **oye hombre!** (hör, Mann!) **hola guapa!** (hallo Hübsche!) oder auch **mira chica/o!** (schau, Mädchen/Junge!).

Begrüßen & Verabschieden

Die Gruß- und Abschiedsformeln sind den unseren vergleichbar.

begrüßen

¡Hola!	Hallo!
Buenos días.	Guten Tag/Morgen.
Buenas tardes.	Guten Abend.
Buenas noches.	Gute Nacht.

¿Hola, qué tal?
hallo, wie solches
Hallo, wie geht's?

¿Está bien?
(er/sie-)ist gut(Umst.)
Geht's gut?

¿Cómo te va?
wie (du-)gehst
Wie geht's dir?

¿Hola, qué haces?
hallo, was (du-)machst
Hallo, wie geht's?

¿Cómo está usted?
wie (er/sie-)ist Sie
Wie geht es Ihnen?

Estoy bien, gracias, ¿y tú?
(ich-)bin gut, danke, und du
Danke, gut, und dir?

Cómo siempre.
wie immer
Wie immer.

Más o menos.
mehr oder weniger
Es geht.

verabschieden

¡Adiós!, ¡Hasta luego!	Auf Wiedersehen!
¡Hasta pronto!	Bis bald!
¡Hasta la vista!	Auf Wiedersehen!
¡Hasta mañana!	Bis morgen!
¡Chao!	Tschüss!
¡Cuídate!	Pass auf dich auf!

¡Que te vaya bien!
was dich (es-)möge-gehen gut(Umst.)
Alles Gute.

¡Chao!
tschüss
Tschüss!

¡Vaya con Dios!
(er/sie-)gehe! mit Gott
Geh mit Gott!

¡Nos vemos!
uns (wir-)sehen
Man sieht sich!

¡Chévere! (Toll!, Antwort auf ein **nos vemos**)

Bitten, Danken, Wünschen

Mit den hier vorgstellten Höflichkeitsfloskeln geraten Sie in keine peinliche Situation.

danken

Muchas gracias.
viele Danke(Mz)
Vielen Dank.

Agradecemos tu invitación.
(wir-)mit-Dank-annehmen deine Einladung
Wir bedanken uns für deine Einladung.

Auf „danke" antwortet man nie mit **¡por favor!**, *sondern meist mit:*

bitten

De nada.	**Por nada.**	**A la orden.**
von nichts	*für nichts*	*zu die Ordnung*
Keine Ursache.	Gern geschehen.	O.K.

¡Por favor!	**Me permite.**
für Gefallen	*mir (er/sie-)erlaube!*
Bitte!	Gestatten Sie?

¿Puedo llamar por teléfono / fumar aquí?
(ich-)darf rufen für Telefon / rauchen hier
Darf ich mal telefonieren / hier rauchen?

Mit diesen Formulierungen werden Wünsche eingeleitet.

wünschen

Deseo un ...	**Desearía ...**
(ich-)wünsche ein	*(ich-)würde-gerne-wünschen*
Ich wünsche ein ...	Ich würde gern ...

Quiero un ...
(ich-)will ein
Ich will ein ...

Quisiera ...
(ich-)würde-gerne-wollen
Ich möchte gerne ...

Me gustaría ...
mich (ich-)hätte-gerne
Ich hätte gern ...

Tengo ganas de ...
(ich-)besitze Lüste von
Ich habe Lust zu ...

Espero que ...
(ich-)hoffe dass
Ich hoffe, dass ...

¡Te deseo buena suerte!
dir (ich-)wünsche gute Glück
Ich wünsche dir viel Glück.

¡Buena suerte!	Viel Glück!
¡Que te vaya bien!	Alles Gute!
¡Buen viaje!	Gute Fahrt!
¡Que duermas bien!	Schlaf gut!
¡Feliz cumpleaños!	Herzlichen Glückwunsch zum Geburtstag!
¡Feliz Navidad!	Frohe Weihnachten!
¡Feliz Año Nuevo!	Frohes neues Jahr!
¡Felices Pascuas!	Frohe Ostern!
¡Feliz aniversario!	Frohes Jubiläum!
¡Feliz matrimonio!	Frohe Hochzeit!

Floskeln & Redewendungen

sich entschuldigen

¡Disculpa! *(er/sie-)entschuldigt!*	Entschuldige!
¡Disculpe! *(er/sie-)entschuldige!*	Entschuldigen Sie!

¡Permiso!	Entschuldigung!
¡Perdón!	Entschuldigung!
¡Lo siento. *es (ich-)fühle*	Es tut mir Leid.
¡Perdóneme! *(er/sie-)entschuldige!-mich*	Entschuldigen Sie mich!
¡Permíteme! *(er/sie-)gestatte!-mir*	Gestatten!

Auf eine Entschuldigung kann man zur Antwort geben:

No ha pasado nada.
nicht hat passiert nichts
Es ist nichts passiert.

No te preocupes.
nicht dir (er/sie-)sorgt!
Mach dir keine Sorgen.

zustimmen/begeistert sein

¡Sí!	Ja!
¡Claro!	Klar!
¡Por supuesto!	Selbstverständlich!
¡Exactamente!	Genau!
¡Exacto!	Genau!
¡Naturalmente!	Natürlich!
¡Es verdad!	Das ist wahr!

¡Claro, cómo no!
klar, wie nicht
Klar, warum nicht!

De acuerdo.
von Übereinstimmung
Einverstanden.

Está bien.
(es-)ist gut(Umst.)
Ist gut.

¡Es una buena idea!
(sie-)ist eine gute Idee
Gute Idee!

Con mucho gusto.
mit viel Vergnügen
Mit Vergnügen.

Tienes razón.
(du-)besitzt Grund
Du hast Recht.

Ausrufe des Wohlbefindens

¡bellísimo!	total schön!
¡riquísimo!	sagenhaft!
¡super chóvere!	supertoll!
¡divino!	göttlich!
¡maravilloso!	wunderbar!
¡qué rico!	sagenhaft! (lecker!)
¡sabroso!	lecker!

ablehnen

No, gracias.
nein, danke
Nein danke.

¡De ninguna manera!
von keine Form
Auf keinen Fall!

No te creo.
nicht dir (ich-)glaube
Glaub ich dir nicht.

No acepto.
nicht (ich-)akzeptiere
Das akzeptiere ich nicht.

Está equivocado/a.
ist geirrt(m/w)
Sie irren sich.

No es así.
nicht (es-)ist so
Das ist nicht so.

¡Vete!
geh!-dich
Hau ab!

Con esto no estoy de acuerdo.
mit dieses nicht bin von Übereinstimmung
Damit bin ich nicht einverstanden!

¡Déjeme tranquilo/tranquila.
(er/sie-)lasse!-mich ruhig(m/w)
Lassen Sie mich in Ruhe! (sagt Mann/Frau)

¡Ahora no tengo ganas!
jetzt nicht (ich-)besitze Lüste
Ich habe jetzt keine Lust!

In der Umgangssprache sagt man oft:

¡Mentira!	Lüge!
¡Falso!	Falsch!
¡Qué tontería!	Was für ein Quatsch!
¡Qué estupidez!	Was für ein Unsinn!
¡Qué pendejada!	So ein Mist!
¡Parece mentira!	Unglaublich!
(sie-)scheint Lüge	

zustimmen

¡Qué alegría!
was Freude
Was für eine Freude!

Me agrada mucho aquí.
mir (es-)gefällt sehr hier
Es gefällt mir hier sehr!

¡Qué bueno!
was gut
Wie schön!

¡Qué detalle!
was Einzelheit
Prima!

¡Eso es bien chévere!
das (es-)ist gut(Umst.) toll
Das ist ja toll!

Eso me alegra muchísimo.
das mich (es-)freut vielst
Das freut mich ja riesig!

Das erste Gespräch

Bei einem ersten Gespräch interessiert der Name, das Alter, die Herkunft, der Beruf. Hier finden Sie die wichtigsten Floskeln zu diesen Themen.

¿Habla/hablas castellano?
(er/sie-)spricht/(du-)sprichst spanisch
Sprechen Sie / sprichst du Spanisch?

Un poquito, sí.
ein wenig, ja
Ja, ein klein wenig.

Es suficiente para hacerme entender.
(es-)ist genug für machen-mich verstehen
Es reicht, um mich verständlich zu machen.

¿Es la primera vez aquí en el Ecuador?
(sie-)ist die erste Mal(w) hier in der Ecuador
Sind Sie zum ersten Mal hier in Ecuador?

No, es la segunda vez.
nein, (sie-)ist die zweite Mal
Nein, es ist das zweite Mal.

¿Le/te gusta aquí?
ihm/ihr/dir (es-)gefällt hier
Gefällt es Ihnen/dir hier?

Sí, es un país muy lindo.
ja, (er-)ist ein Land sehr schön
Ja, es ist ein sehr schönes Land.

¿De dónde es usted / eres tú?
von wo (er/sie-)ist Sie / (du-)bist du
Woher kommen Sie / kommst du?

Soy de Alemania/Austria/Suiza/Holanda.
bin von Deutschland/Österreich/Schweiz/Holland
Ich bin aus Deutschland/Österreich/der Schweiz/Holland.

In ganz Lateinamerika ist die Bezeichnung **gringo** *für Ausländer im Umlauf, mit der ursprünglich Nordamerikaner gemeint waren. Heute werden mit diesem nicht gerade freundlichen, aber auch nicht unbedingt boshaften Begriff alle nicht Spanisch sprechenden Ausländer tituliert.*

Soy ...
(ich-)bin
Ich bin ...

alemán (m)/**alemana** (w)	Deutsche/r
suizo (m)/**suiza** (w)	Schweizer/in
austriaco (m)/**austriaca** (w)	Österreicher/in
holandés (m)/**holandesa** (w)	Niederländer/in

¿Cómo se llama usted?
wie sich (er/sie-)ruft Sie
Wie heißen Sie?

¿Cómo te llamas?
wie dich (du-)rufst
Wie heißt du?

Me llamo Antonella.
mich (ich-)rufe Antonella
Ich heiße Antonella.

... y yo Ferdinand.
... und ich Ferdinand
... und ich Ferdinand.

¿Cuántos años tienes?
wieviele Jahre (du-)besitzt
Wie alt bist du?

Tengo treinta años, ¿y tú?
(ich-)besitze dreißig Jahre, und du
Ich bin 30 und du?

¿Cuál es tu profesión?
welches (er-)ist deine Beruf
Was ist dein Beruf?

Soy ...
(ich-)bin
Ich bin ...

empleado/a (m/w)	Angestellte/r
trabajador (m)	Arbeiter
desempleado/a (m/w)	Arbeitslose/r
médico	Arzt
agricultor/a (m/w)	Bauer/Bäuerin
biólogo/a (m/w)	Biologe/-in
director/a (m/w)	Direktor/in
fotógrafo/a (m/w)	Fotograf/in

guía de turistas (m/w)	Fremdenführer/in
geógrafo/a (m/w)	Geograph/in
geólogo/a (m/w)	Geologe/-in
amo/a de casa (m/w)	Hausmann/-frau
ingeniero/a (m/w)	Ingenieur/in
periodista (m+w)	Journalist/in
enfermera	Krankenschwester
artista (m+w)	Künstler/in
profesor (m)	Lehrer
abogado/a (m/w)	Rechtsanwalt/-wältin
alumno	Schüler
secretario/a (m/w)	Sekretär/in
azafata (w)	Stewardess
estudiante (m+w)	Student/in
vendedor/a (m/w)	Verkäufer/in
científico/a (m/w)	Wissenschaftler/in

Estoy trabajando como gerente.
(ich-)bin arbeitend wie Geschäftsführer
Ich arbeite als Geschäftsführer.

Soy biólogo.
(ich-)bin Biologe
Ich bin Biologe.

¿Dónde vive usted / vives tú?
wo (er/sie-)lebt Sie / (du-)lebst du
Wo wohnen Sie / wohnst du?

Vivo en Frankfort.
(ich-)wohne in Frankfurt
Ich wohne in Frankfurt.

Zu Gast sein

Die Ecuadorianer sind sehr gastfreundliche Menschen. Dass man zu jemandem nach Hause eingeladen wird, kann sehr schnell gehen. Selbst die ärmste Familie versucht den Gast zu verwöhnen, und wer als Gast dann auch nicht kräftig zulangt, muss entweder krank sein oder es schmeckt ihm nicht.

Als Gastgeschenk bringt man ein paar schöne Geschichtchen aus Übersee und vielleicht eine Flasche Wein mit, auch wenn die dann nicht getrunken wird. Blumen mitzubringen ist unüblich.

¡Siéntate!
(er/sie-)sitzt!-dich
Setz dich!

¡Tome asiento, por favor!
(er/sie-)nehme! Platz, f. Gefallen
Nehmen Sie Platz.

¿Usted desea algo para beber?
Sie (er/sie-)wünscht etwas für trinken
Möchten Sie etwas trinken?

Sí, un vaso de vino, por favor.
ja, ein Glas von Wein, für Gefallen
Ja. Ein Glas Wein, bitte.

¿Algo para comer?
etwas für essen
(Wünschen Sie) etwas zu essen?

¿Deseas un postre también?
(du-)möchtest ein Nachtisch auch
Möchtest du einen Nachtisch?

¿Le/te gusta?
ihm/ihr/dir (es-)gefällt
Schmeckt es Ihnen/dir?

Todo está muy rico, gracias.
alles (es-)ist sehr reich, danke
Es schmeckt alles sehr gut, danke.

Familie

amigo – amiga	Freund – Freundin
novio	fester Freund, Verlobter
novia	feste Freundin, Verlobte
padre – madre	Vater – Mutter
marido – mujer	Ehemann – Ehefrau
esposo – esposa	Ehemann – Ehefrau
abuelo – abuela	Großvater – Großmutter
hijo – hija	Sohn – Tochter
nieto – nieta	Enkel – Enkelin
hermano	Bruder
hermana	Schwester
tío – tía	Onkel – Tante
sobrino – sobrina	Neffe – Nichte
primo – prima	Cousin – Cousine
cuñado – cuñada	Schwager – Schwägerin
suegro	Schwiegervater
suegra	Schwiegermutter

In der Mehrzahl werden die männlichen Formen benutzt: **padres** *(Eltern),* **abuelos** *(Großeltern),* **hermanos** *(Geschwister) usw.*

Fotografieren

Beim Fotografieren von Menschen fragt man am besten vorher. **Indígenas** mit Händen vor dem Gesicht sind häufig zu sehen, wenn der **Gringo** seine „Schnappschüsse" machen will. Viele Ecuadorianer sehen auch gar nicht ein, dass sie abgelichtet werden, um ihr Foto vielleicht in irgendeinem Magazin wieder-

Wenn man ein bisschen plaudert, sich näher kommt und schließlich als Gegenleistung ein Foto verspricht (und wirklich dalässt!), darf man sicherlich auch jemanden fotografieren.

zufinden, ohne dafür eine Gegenleistung zu sehen. Oft halten Kinder auch die Hand auf und nennen einen Betrag.

Militärische Einrichtungen dürfen nicht fotografiert werden!

copia, prueba	Abzug
disparador (m)	Auslöser
pila	Batterie
diafragma (m)	Blende
flash (m)	Blitzgerät
rollo de diapositivas	Diafilm
marquito	Diarahmen
revelar	entwickeln
rollo de color	Farbfilm
rollo (película)	Film (auch Kino)
filmar	filmen
foto(grafía)	Foto
máquina fotográfica, cámera	Fotoapparat
tomar/sacar fotos	fotografieren
brillante	glänzend
cámara (video)	Kamera (Video-)
mate	matt

negativo	Negativ
objetivo	Objektiv
rollo en blanco y negro	Schwarz-Weiß-Film
trípode (m)	Stativ
teleobjetivo	Teleobjektiv
ampliación	Vergrößerung
obturador	Verschluss

Disculpe, ¿usted tiene rollos de color, por favor?
(er/sie-)entschuldige!, Sie (er/sie-)besitzt Filme von Farbe, für Gefallen
Entschuldigung, haben Sie Farbfilme?

¿Puede revelarme estos rollos, por favor?
kann entwickeln-mir diese Filme, für Gefallen
Können Sie mir bitte diese Filme entwickeln?

¿Cuántas pruebas quiere sacar?
wieviele Abzüge (er/sie-)will herausziehen
Wie viele Abzüge wollen Sie?

Cinco de cada una.
fünf von jedem eine
Von jedem fünf.

Mi máquina fotográfica no funciona.
meine Maschine fotografisch nicht (sie-)funktioniert
Mein Fotoapparat funktioniert nicht.

¿Usted puede arreglarme ésta, por favor?
Sie (er/sie-)kann reparieren-mir diese, für Gefallen
Können Sie ihn mir bitte reparieren?

¿Podría sacar una foto, por favor?
(ich-)könnte herausziehen eine Foto, für Gefallen
Dürfte ich bitte ein Foto machen?

De cada negativo una copia nueve por trece, por favor.
von jede Negativ eine Kopie neun für dreizehn, für Gefallen
Von jedem Negativ einen Abzug 9 x 13, bitte.

Polizei & Zoll

Im Falle eines Diebstahls müssen Sie Anzeige erstatten, um den Schaden von Ihrer Versicherung ersetzt zu bekommen.

abogado	Anwalt
ladrón (m)	Dieb
migración	Einwanderungsbüro
asesino	Opfer
comisaría	Polizeirevier
asalto	Überfall
aduana	Zoll
funcionario	Beamter
robo	Diebstahl
control	Kontrolle
policía (w)	Polizei
impuesto	Steuer, Gebühr
violación	Vergewaltigung
declaración	Zollerklärung

Quisiera denunciar un robo.
(ich-)möchte anzeigen ein Raub
Ich möchte einen Diebstahl melden.

Me robaron la cámara.
mir (sie-)raubten die Kamera
Meine Kamera wurde geklaut.

¿Tiene algo que declarar?
(er/sie-)besitzt etwas welches verzollen
Haben Sie etwas zu verzollen?

No, no tengo.
nein, nicht (ich-)besitze
Nein, habe ich nicht.

Quisiera extender/prorrogar mi visa, por favor.
(ich-)würde-wollen ausdehnen/verlängern meine Visum, für Gefallen
Ich möchte gerne mein Visum verlängern.

Bank

Seitdem 2000 die alte Währung Sucre abgeschafft wurde, ist die Landeswährung in Ecuador der US-Dollar. Es gibt Münzen zu 1, 5, 10, 25 und 50 Cent sowie zu 1 Dollar.

Ecuador hat sich bei der freiwilligen und selbst auferlegten Dollarisierung 2000 das Recht erhalten, Münzen bis zu einem Nennwert unter 1 Dollar in gleicher Größe wie die USA-Münzen selbst und mit eigenen Motiven sowie spanischer Sprache zu prägen.

Daher gibt es in Ecuador parallel bei allen Nennwerten von 1 bis 50 Cent heute US-amerikanische und ecuadorianische Münzen gleichen Wertes, gleicher Größe und natürlich gleicher Kaufkraft. Die ecuadorianischen Münzen sind allerdings nicht in den USA oder sonstwo im Ausland anerkannt.

In den USA heißen die Münzen teils „dime“ (10 Cent) oder „quarter“ (25 Cent). In Ecuador nicht! Es wird schlicht der Betrag genannt wie „diez centavos“ oder allenfalls „medio dólar“ (50 Cent).

Dollarnoten gibt es in Ecuador nur die in den USA gedruckten, und zwar zu 1, 5, 10, 20, 50 und 100 Dollar. Seit ein paar Jahren tauscht die US-Notenbank die alten „Greenbacks" kontinuierlich gegen sichere, mehrfarbige Billets aus.

Wichtiger Tipp: Die Noten von 50 und 100 US-Dollar, manchmal auch schon die zu 20 US-Dollar, sind im Alltag auf der Straße oft nur schwer an den Mann zu bringen. Es herrscht chronischer Kleingeldmangel, und große Noten machen misstrauisch, da es relativ viele Fälschungen nahezu aller Dollarnoten im Land gibt, und der Schaden bei einer großen Note hoch wäre. Banken, Reisebüros und Luxushotels nehmen natürlich auch die großen Scheine.

banco	Bank
cambiar dinero	Geld wechseln
en efectivo	in bar
tarjeta de crédito	Kreditkarte
recibo	Rechnung
saldo en contra	Saldo
cheque	Scheck
firma	Unterschrift
tasa de cambio	Wechselkurs
fecha	Datum
saldo a favor	Guthaben
caja	Kasse
comprobante (m)	Quittung
cheque de viaje (m)	Reisescheck
ventanilla	Schalter
transferencia	Überweisung
cambio	Wechselkurs
casa de cambio	Wechselstube

¿Cómo es el cambio, por favor?
wie (er-)ist der Wechsel, für Gefallen
Wie ist der Kurs, bitte?

dinero	Geld
plata	Knete
billete	Geldschein
moneda	Münze

Post

Die Post in Ecuador ist alles andere als zuverlässig. Ziemlich oft gehen Briefe verloren.

remitente	Absender
dirección	Adresse
carta	Brief
estampilla	Briefmarke
sobre	Briefumschlag
correo certificado	Einschreiben
destinatario	Empfänger
paquete	Paket
porte	Porto
casilla	Schalter
sello	Stempel
telegrama	Telegramm
correo	Postamt
postal	Postkarte
casilla postal	Postfach
correo restante	postlagernd

Ein einfacher Brief oder eine Postkarte nach Europa kosten 1 US-Dollar Porto.

Quisiera diez estampillas de un dólar cada una, por favor.
(ich-)möchte zehn Briefmarken von ein Dollar jeder eine, für Gefallen
Ich möchte bitte 10 Briefmarken zu einem Dollar.

¿Usted tiene sobres también?
Sie (er/sie-)besitzt Briefumschläge auch
Haben Sie auch Umschläge?

¿Cuántos necesita usted?
wieviele (er/sie-)braucht Sie
Wie viele brauchen Sie?

Quisiera veinte, por favor.
(ich-)möchte zwanzig, für Gefallen
Ich möchte bitte 20.

Telefonieren

Das Telefonieren nach Europa ist recht preiswert: ab der Telefonzelle oder auch ab einem ecuadorianischen Handy kostet die Minute etwa 50 US-Cent, in den zahlreichen Cyber-Cafés des Landes ca. 8-12 Cent.

¿Puedo hablar por teléfono de aquí?
(ich-)kann sprechen für Telefon von hier
Kann ich von hier aus telefonieren?

¿Quién es?
wer (er/sie-)ist
Wer ist dran?

Soy Ernst.
(ich-)bin Ernst
Hier ist Ernst.

¿Podría hablar con Ina, por favor?
(ich-)könnte sprechen mit Ina, für Gefallen
Könnte ich bitte mit Ina sprechen?

¡Ina no está!
Ina nicht (sie-)ist
Ina ist nicht da.

Voy a llamar más tarde, gracias.
(ich-)gehe zu rufen mehr spät, danke
Dann rufe ich später nochmal an, danke.

¿Cúanto cuesta la llamada?
wieviel (sie-)kostet die Anruf
Wie viel kostet der Anruf?

contestar	antworten
ocupado	besetzt
discado directo	Durchwahl
equivocado	falsch verbunden
llamada de larga distancia	Ferngespräch
tarifa	Gebühr
código internacional	internationale Vorwahl
teléfono	Telefon
llamada telefónica	Telefongespräch
llamar por teléfono	telefonieren
número de teléfono	Telefonnummer
comunicación	Verbindung
código de área	Vorwahl
marcar	wählen

Wer in Ecuador telefoniert, wird nur ein schlichtes **¿alo?** (hallo?) oder **¿quien?** (wer?) vom Gesprächspartner am anderen Ende der Leitung hören. Mit Namen meldet sich, anders als bei uns in Deutschland, niemand.

Unterkunft

Großstädte und Reiseziele mit besonderen Touristenattraktionen stellen Ferienwohnungen oder exklusive Hotels bereit, während in abgelegenen Gebieten und kleinen Dörfern oft nur einfachste Unterkünfte mit geringstem Komfort zur Verfügung stehen.

An Fest- oder Feiertagen sind viele Hotels oftmals ausgebucht, weshalb sich eine Reservierung im Voraus empfiehlt.

¿Tiene una habitación disponible?
(er/sie-)besitzt eine Zimmer verfügbar
Haben Sie ein Zimmer frei?

¿Puedo verla?
(ich-)darf sehen-sie
Darf ich es sehen?

departamento	Appartement
cabaña	Ferienhaus
residencia	Ferienwohnung (Wohnsitz)
posada	Gasthaus, Herberge
hospedaje	Herberge
hostal	(einfaches) Hotel
hotel	Hotel
albergue juvenil (m)	Jugendherberge
pensión	Pension
residencial	Wohnung
habitación, cuarto	Zimmer
baño privado	Bad im Zimmer
colcha	Bettdecke
cobija	Decke
doble, triple	Doppel-, Dreibettzimmer
cama matrimonial	Doppelbett
ducha	Dusche

sencillo	einfach
baño común	Gemeinschaftsbad
confortable	gemütlich
toalla	Handtuch
calefacción	Heizung
aire acondicionado (m)	Klimaanlage
llave (w)	Schlüssel
jabón (m)	Seife
ventilador	Ventilator
manta	Wolldecke
ascensor	Fahrstuhl
gerente (m)	Geschäftsführer
dueño	Inhaber
salida de emergencia	Notausgang
recepción	Rezeption
caja fuerte *(Kiste stark)*	Safe
escalera	Treppe
camarera	Zimmermädchen

Unterwegs

Das Wichtigste in einer fremden Stadt ist die Orientierung. Hier die wichtigsten Fragen:

in der Stadt

¿Hay una oficina de turismo en esta cuidad?
es-gibt eine Büro von Tourismus in diese Stadt
Gibt es in dieser Stadt eine Touristen-information?

¿Existe una guía de las iglesias en Quito?
(sie-)existiert eine Führer von die Kirchen in Quito
Existiert ein Reiseführer über die Kirchen von Quito?

¿Dónde está el museo de Guayasamín?
wo (er-)ist der Museum von Guayasamín
Wo ist das Museum Guayasamín?

¿A qué distancia está la Mitad del Mundo?
zu was Entfernung (sie-)ist die Mitad del Mundo
Wie weit ist es zum Mitad del Mundo?

(a la) derecha	(nach) rechts
(a la) izquierda	(nach) links
aquí – acá	hier – hierhin
allá, allí	dort, dorthin
cercano – lejos	nah – weit
(todo) derecho, recto	geradeaus
hacia atrás	zurück
el cruce	Kreuzung
el semáforo	Ampel
en la esquina	an der Ecke
a una cuadra	ein Häuserblock
parqueadero	Parkplatz
en el parque	im Park

abierto	geöffnet
cerrado	geschlossen
la galería	Galerie
el museo	Museum
el teatro	Theater
la exposición	Ausstellung
la iglesia	Kirche
el palacio	Palast
el cine	Kino
la piscina	Schwimmbad
el monumento	Monument
el mirador	Aussichtspunkt
el parque	Park
la plaza	Platz

mit öffentlichen Verkehrsmitteln

Beim Busfahren in Ecuador hört man von den Busfahrern ständig das **siga, siga** von **seguir** (fortsetzen). Gemeint ist das schnelle Ein- und Aussteigen der Passagiere.

Perdón, ¿dónde está la próxima parada de bus?
Entschuldigung, wo (sie-)ist die nächste Haltestelle von Bus
Entschuldigung, wo ist die nächste Bushaltestelle?

Recto en la Plaza de la Independencia.
geradeaus in die Platz von die Unabhängigkeit
Geradeaus am Unabhängigkeitsplatz.

¿A qué hora sale el bus a Loja?
zu was Zeit (er-)verlässt der Bus nach Loja
Wann fährt der Bus nach Loja ab?

El ya salió.
er schon (er-)verließ
Er ist schon weg.

Verkehrsmittel Nr. 1 in Ecuador ist der Überlandbus. Bezahlt wird die Fahrt im Bus oder in den großen Städten vorher an einem **terminal terrestre.** *Wer an der Küste mit dem Bus fährt und aussteigen möchte, sagt* **¡Pare!** *(Halt!). In der Sierra ist das* **aquí no más** *(bis hierher) oder einfach nur ein* **gracias** *(danke) gebräuchlicher.*

terminal terrestre (m)	Busbahnhof
(auto)bús (m)	Überlandbus
buseta	Kleinbus
parada de autobús	Bushaltestelle
aeropuerto	Flughafen
vuelta	(Hin-)Flug
ida y vuelta	Hin- und Rückflug
billete (m), **ticket** (m), **boleto**	Fahrkarte
reservación	Reservierung

Wer mit Stadtbussen fährt, sollte auf seine Wertsachen besonders Acht geben, da die Busse in der Regel immer voll besetzt sind und die Taschendiebe hier besonders heiß auf **extranjeros** *(Ausländer) sind.*

puesto, asiento	Sitzplatz
horario de salida	Abfahrtsplan
horario de llegada	Ankunftsplan
¡Aquí no más!	Bis hierher!
¡Gracias!	Danke!
¡En la esquina!	An der Ecke!
¡Pare!	Halt!

Permiso, ¿de dónde sale un bus al centro?
Entschuldigung, von wo (er-)fährt ein Bus zu-der Zentrum
Entschuldigung, wo fährt ein Bus in Richtung Zentrum?

¿Usted pasa por ...?
Sie (er/sie-)passiert für
Fahren Sie nach ... ?

mit dem Zug

Der Zug ist in Ecuador ein nostalgisches Verkehrsmittel.

autoferro	zum Zug umgebauter Schulbus, mit Dieselmotor angetrieben
ferrocarril (m)	Eisenbahn
tren (m)	Zug
carrilera	Schienenstrang
estación (de ferrocarril)	Bahnhof
revisor	Schaffner
techo	Dach
asiento	(Sitz-)Platz
subir	einsteigen
bajar	aussteigen

¿Dónde está la estación de ferrocarril, por favor?
wo (sie-)ist die Station von Zug, für Gefallen
Wo bitte ist der Bahnhof?

¿A qué hora sale el tren para San Lorenzo, por favor?
zu welche Zeit (er-)verlässt der Zug für San Lorenzo, für Gefallen
Wann bitte fährt der Zug nach San Lorenzo?

Die wenigen Zugverbindungen, die noch bestehen, dienen zwar nicht dem schnellen Transport, aber eine Fahrt (auf dem Zugdach) zählt zu den Höhepunkten einer Ecuador-Reise.

A las quinze para las seis.
zu die(Mz) fünfzehn für die(Mz) sechs
Um 5 Uhr 45.

¿Hay asientos libres todavía?
es-gibt Sitzplätze freie noch
Gibt es noch freie Sitzplätze?

mit dem Taxi

Die Taxis haben in der Regel einen **Taxímetro.** Ist dieses „kaputt“, sollte man unbedingt den Preis vor der Fahrt aushandeln oder auf das Einschalten des Zählers bestehen. Trinkgeld ist nicht üblich.

Quisiera ir a ...
(ich-)möchte gehen zu
Ich möchte gerne zu/nach ...

¿Usted conoce esa calle?
(er/sie-)kennt diese Straße
Kennen Sie diese Straße?

Kleinbusse dienen in Ecuador als Sammeltaxis **(camionetas),** *die kleinere Ortschaften miteinander verbinden. Sie sind schneller als die Überlandbusse und billiger als normale Taxis.*

Por favor, pare aquí!
für Gefallen, (er-)halte! hier
Bitte halten Sie hier!

Aquí me bajo.
hier mich aussteige
Hier steige ich aus.

¿Tiene taxímetro?
(er-)besitzt Taxameter
Haben Sie ein Taxameter?

No funciona, señor.
nicht (er-)funktioniert, Herr
Er funktioniert nicht.

¿Cuánto cuesta el viaje a la ciudad antigua?
wieviel (er-)kostet der Reise zu die Stadt alte
Wie viel kostet die Fahrt in die Altstadt?

Quince dólares, no más.
fünfzehn Dollars, nicht mehr
Fünfzehn Dollar!

Está demasiado caro, señor.
ist zuviel teuer, Herr
Das ist zu teuer.

¡Pero los precios subieron, señor!
aber die Preise (sie-)stiegen, Herr
Aber es ist alles teurer geworden!

Yo sé. Estoy en Ecuador hace mucho tiempo y conozco todo. – ¿Entonces?
ich weiß, (ich-)bin in Ecuador (es-)macht viel Zeit und (ich-)kenne alles – also
Ich weiß. Ich bin seit langem in Ecuador und kenne mich aus. – Also?

Diez dólares, no más.
zehn Dollars, nicht mehr
Zehn Dollar und nicht mehr!

Bien.
gut(Umst.)
Gut.

mit dem Leihwagen

Einen Leihwagen bekommt man in den Städten Quito, Guayaquil oder Cuenca. Das Fahren auf den Straßen kann sehr abenteuerlich sein. Also **cuidado** (aufpassen)!

Disculpe, ¿cómo llego hasta el Parque Nacional Cotopaxi?
(er/sie-)entschuldige!, wie (ich-)komme bis der Park national Cotopaxi
Entschuldigen Sie, wie komme ich zum Cotopaxi-Nationalpark?

A unos kilómetros en la Panamericana y cruce a la derecha.
zu einige Kilometer in die Panamericana und Kreuzung zu die Rechte
Einige Kilometer auf der Panamericana, dann rechts abbiegen.

¿Cuantos kilómetros hay de aquí hasta Cuenca?
wieviele Kilometer(Mz) es-gibt von hier bis Cuenca
Wie viele Kilometer sind es von hier bis Cuenca?

Unos treinta, no más.
einige 30, nicht mehr
Nicht mehr als 30 km.

Más o menos treinta.
mehr oder weniger 30
Ungefähr 30 km.

Hinweisschilder	
Camino resbaloso	Rutschige Fahrbahn
Conserve su derecha	Rechts halten
Curva peligrosa	Gefährliche Kurve
Mantenga su distancia	Abstand halten
Reduzca la velocidad	Geschwindigkeit mindern
Sucesión de curvas	Kurvenreiche Strecke

an der Tankstelle

agua destilar	Batteriewasser
gasolina	Benzin
sin plomo	bleifrei
líquido de frenos	Bremsflüssigkeit
agua destilar	destilliertes Wasser
diesel	Diesel
tanque de repuesto (m)	Ersatzkanister
anticongelante (m)	Frostschutzmittel
agua para el radiador	Kühlwasser
aceite (para el motor) (m)	Motoröl
nivel de aceite	Ölstand
cambio de aceite	Ölwechsel
presión de los canchos	Reifendruck
extra	Super
tanque (m)	Tank
poner gasolina	tanken
gasolinera	Tankstelle

¿Dónde está la gasolinera más próxima?
wo (sie-)ist die Tankstelle mehr nächste
Wo ist die nächste Tankstelle?

A dos kilómetros de aquí.
zu zwei Kilometer(Mz) von hier
Zwei Kilometer von hier.

¿Cuánto le pongo?
wieviel ihm (ich-)stelle
Wie viel soll ich einfüllen?

Lleno, por favor.
voll, für Gefallen
Bitte volltanken.

Revise el aceite y líquido de frenos, por favor.
überprüfe! der Öl u. Flüssigkeit von Bremsen, f. Gef.
Überprüfen Sie bitte das Öl und die Bremsflüssigkeit.

Unfall/Panne

Tengo una avería.
(ich-)besitze eine Panne
Ich habe eine Panne.

El carro no anda.
der Wagen nicht (er-)geht
Das Auto springt nicht an.

He tenido un accidente/choque.
(ich-)habe besessen ein Unfall/Zusammenstoß
Ich habe einen Unfall/Zusammenstoß gehabt.

¿Podría usted remolcar mi carro?
(er/sie-)könnte Sie abschleppen mein Wagen
Könnten Sie meinen Wagen abschleppen?

No tengo más gasolina.
nicht (ich-)besitze mehr Bezin
Ich habe kein Benzin mehr.

Yo tenía preferencia.
ich besaß Vorfahrt
Ich hatte Vorfahrt.

servicio de remolque	Abschleppdienst
remolcar	abschleppen
cuerda de remolque	Abschleppseil
grúa	Abschleppwagen
arranque (m)	Anlasser
tubo de escape	Auspuff
batería	Batterie
daños en la carrocería	Blechschaden
freno	Bremse
repuesto	Ersatzteil
caja de velocidad	Getriebe
martillo	Hammer

correa	Keilriemen
palanca de cambios	Kupplung
cauchos (Mz)	Reifen (Mz)
limpiaparabrisas (Mz)	Scheibenwischer
tornillo	Schraube
destornillador	Schraubenzieher
amortiguador	Stoßdämpfer
válvula	Ventil
carburador	Vergaser
gato	Wagenheber
herramienta	Werkzeug
parabrisas (Mz)	Windschutzscheiben
alicate (m)	Zange
bujía	Zündkerze
encendido	Zündung

policía	Polizei
bomberos (Mz)	Feuerwehr
hospital	Krankenhaus
ambulancia	Krankenwagen
vendajes (m Mz)	Verbandszeug
lesión	Verletzung
estar herido (gravemente/levemente)	verletzt sein (schwer/leicht)

Toilette & Co.

Auf Toiletten stehen Eimer neben dem Klobecken, in die das Toilettenpapier geworfen werden sollte, da andernfalls infolge des schwachen Wassserdrucks die engen Abflussrohre verstopft werden.

damas – caballeros	Damen – Herren
ocupado	besetzt
libre, desocupado	frei
baño	Toilette, Bad
espejo	Spiegel
papel sanitario/higiénico	Toilettenpapier
lavabo – ducha	Waschbecken – Dusche

Tengo que ir al baño.
(ich-)besitze dass gehen zu-der Bad
Ich muss mal.

¿Dónde está el baño, por favor?
wo (er-)ist der Bad, für Gefallen
Wo bitte ist die Toilette?

No hay papel sanitario aquí.
nicht es-gibt Papier gesundheitlich hier
Hier ist kein Toilettenpapier.

¿Mande?
bitte
Bitte?

Falta el papel sanitario.
(er-)fehlt der Papier gesundheitlich
Es fehlt Toilettenpapier.

Entiendo, te traeré.
(ich-)verstehe, dir (ich-)bringen-werde
Ich verstehe, ich werde es dir bringen.

Essen & Trinken

Neben Knoblauch, Zwiebeln, Pfefferschoten und Zimt ist **ají** *das wichtigste Gewürz. Es wird aus den kleinen, roten Pfefferschoten gewonnen.*

Die wichtigsten Grundnahrungsmittel des Hochlandes sind Mais und Kartoffeln. An der Küste sind Fisch, Meeresfrüchte und Reis die Grundnahrungsmittel. **Aji** ist eine sehr scharfe dicke Gewürzsauce, mit der beinahe jedes Gericht in Ecuador verfeinert wird. Es wird aus der kleinen roten Pfefferschote gewonnen und steht in jedem Restaurant auf dem Tisch.

im Restaurant

Sucht man in Ecuador ein Restaurant, das einheimische Küche bietet, fragt man nach **comida criolla.**

desayuno	Frühstück
almuerzo	Mittagessen
merienda/cena	Abendessen

¡Quisiera reservar una mesa para las siete!
würde-wollen reservieren eine Tisch für die sieben
Ich würde gerne einen Tisch für 19 Uhr bestellen.

¿Está ocupada/libre esta mesa/silla?
(sie-)ist besetzt/frei diese Tisch/Stuhl
Ist dieser Stuhl/Tisch besetzt/frei?

¡La carta, por favor!
die Karte, für Gefallen
Die Speisekarte, bitte!

¿Qué desean pedir?
was (Sie-)möchten bestellen
Was möchten Sie bestellen?

Quisiera ...
würde-wollen
Ich hätte gern ...

In Ecuador heißen chinesische Restaurants **chifas.**

El almuerzo del día, por favor.
der Mittagessen von-der Tag, für Gefallen
Das Tagesessen bitte.

¡Buen provecho!
Guten Appetit!

¡Igualmente!
Gleichfalls!

Speisekarte & Geschirr

plato caliente warme Speise
plato frío kalte Speise
entremés Vorspeise
ensalada Salat
caldo, sopa Suppe
carne Fleisch
pescado Fisch
marisco Meeresfrucht
pasta Pasta

verduras Gemüse
postre Nachtisch
plato Teller
vaso Glas
copa Weinglas
taza Tasse
cuchillo Messer
tenedor Gabel
cuchara Löffel
cucharilla Teelöffel
servilleta Serviette

Zubereitung

caliente heiß
frío kalt
frito gebacken
bien cocido gut gekocht

bien tostado gut gebraten
duro hart

Gewürze (condimientos)

sal (w) Salz
pimienta Pfeffer
vinagre (m) Essig
azúcar Zucker
cebolla Zwiebel

ajo Knoblauch
pepinillos en vinagre (Mz) Gewürzgurken
salsa de tomate Ketchup

bezahlen

Den Ober ruft man mit einem Zischlaut, indem man zweimal nacheinander ein scharfes „sss" ausstößt. Normalerweise ist in der Rechnung bereits Bedienung **(servicio)** *und Steuer enthalten. In besseren Restaurants wird ein zusätzliches Trinkgeld* **(propina)** *von 10 % erwartet.*

¡La cuenta, por favor!
die Rechnung, für Gefallen
Die Rechnung, bitte!

La cuenta por separado.
die Rechnung für getrennt
Die Rechnung getrennt.

¡Todo juntos, por favor!
alles zusammen, für Gefallen
Alles zusammen, bitte.

¿Tiene sueltos?
(er/sie-)besitzt Wechselgeld
Haben Sie Wechselgeld?

El resto es propina.
der Rest ist Trinkgeld
Der Rest ist für Sie.

reklamieren

Eso no lo pedí.
dieses nicht es (ich-)bestellte
Das habe ich nicht bestellt.

La cuenta está equivocada.
die Rechnung (sie-)ist geirrt
Die Rechnung stimmt nicht.

desayuno (Frühstück)

pan (m) Brot	**huevos fritos** (Mz) Spiegelei
... tostado getostet	**huevos revueltos** (Mz) Rührei
... blanco weiß	**huevos duros** (Mz) gekochte Eier
... integral Vollkorn	**queso** Käse
cacho Butterhörnchen	**jamón** (m) Schinken
mantequilla Butter	**granola** Müsli
mermelada Marmelade	**yogurt** (m) Joghurt
miel (m) Honig	

Getränke

café (m) **con leche** Milchkaffee
pintado Kaffee mit etwas Milch
café negro schwarzer Kaffee
expreso Espresso
capuchino Cappuccino
chocolate (m) heiße Schokolade
té (m) Tee
jugo Saft
batido Milchshake
cola Coke, Sprite etc.
agua mineral Mineralwasser

con/sin gas mit/ohne Kohlensäure
guarapo de caña Zuckerrohrsaft
jugo Saft
cola Softdrink (Coca Cola, Fanta)
gin tonic Gin Tonic
caipirinha Caipirinha
cerveza Bier
vino Wein
cocktel (m) Cocktail
chicha de jora Mais-Frucht-Getränk mit Alkohol
vino rojo/blanco Rot-/Weißwein

Dulces (Süßigkeiten)

galletas, manichos Kekse
torta Kuchen, Torte
pastel Kuchen
pie Stückchen
flan Karamelpudding
pudín Pudding
bizcochos Gebäck (in Cayambe)
espumilla Sahnebaiser

melcocha Kaumasse aus hartem, gezuckertem Mandelöl (in Baños)
alfeñique Kaumasse aus weichem, gezuckertem Mandelöl (in Baños)
caramelos Bonbons
helado Eis
chicle (m) Kaugummi

Ecuadorianische Gerichte

Vorspeisen (entradas)

bolón (bolas) de verde	Bällchen aus grünen Kochbananen, die zu einem Püree geschlagen werden und mit Käse und Speck gefüllt sind.
ceviche (cebiche)	ist ein in Limonen- und Orangensaft marinierter roher Fisch **(corvina),** der, mit Zwiebeln, Salz, Pfeffer und **ají** gewürzt, meist mit Brot oder geröstetem Mais serviert wird. Es gibt verschiedene Variationen der Ceviche-Zubereitung:
ceviche de camarones	... mit Garnelen
ceviche de conchas	... mit Muscheln
ceviche de langostas	... mit Langusten
ceviche de langostinos	... mit Langustenschwänzen
ceviche de ostiones	... mit Austern
empanadas	verschieden zubereitete Teigtaschen mit unterschiedlichen Füllungen, wie z. B.:
empanadas de arroz	ein Reismehlteig mit Hühnerfleischfüllung.
empanadas de morocho	ein Weißmehl- oder Morochomehlteig mit Schweinefleisch gefüllt.
empanadas de queso	ein Weizenmehlteig mit Käse gefüllt.
empanadas de verde	ein Kochbananenteig mit Hackfleisch oder Käse gefüllt.
humitas	bestehen aus einem süßen Maisteig **(choclo),** der mit gemahlenen Erdnüssen, Eiern und geriebenem Käse gefüllt ist. Die äußere Schale ist ein im heißen Wasserbad gedämpftes Maisblatt.
tamales	werden ähnlich wie **humitas** zubereitet, haben jedoch zusätzlich eine Fleischfüllung. Statt in ein Bananen- wird die Teigmasse in ein Achira-Blatt eingeschlagen.
tortillas de maíz	Maismehltaschen, die, gefüllt mit Kartoffelbrei und Käse, im Ofen gebacken werden.

Suppen (sopas, caldos, locros)

ist eine Hühnersuppe und wohl die populärste Suppe Ecuadors.	**caldo de gallina**
ist eine Kartoffelsuppe und enthält Schweinshaxe, Kartoffeln, Yuca, Lauch und gekochten Mais **(moto).** Abgeschmeckt wird die Suppe mit **ají.**	**caldo de pata**
ist ein Fischfilet mit Kartoffeln, Tomaten und Paprika.	**chupé de pescado**
ist eine fleischlose, traditionelle Suppe (in der Karwoche) bestehend aus verschiedenen Getreidekörnern **(granos),** Mais, Linsen, Bohnen und Trockenfisch.	**fanesca**
ist eine gelbe Suppe aus Kartoffeln, Mais, Zwiebeln, Käse und Milch, die häufig unter der Woche serviert wird.	**locro de queso**
ist eine Fischbrühe/Hühnerbrühe mit Mais-**choclo,** Yuca und Kochbananen **(plátanos verdes).**	**sancocho de pescado/pollo**

Hauptgericht (plato fuerte)

ist Ziegen- oder Hammelfleisch auf dem Schaschlik-Spieß, oft auf der Straße angeboten.	**carne en palito (pincho)**
ist gebackenes Schweinefleisch, das mit gekochtem und geschältem Mais **(mote),** Bratbanane **(maqueño),** Avocado, Tomaten und neuerdings mit einem Sahnedressing serviert wird.	**chancho hornado**
ist ein Schweine- oder Rindfleischstück, das mit Reis, Spiegelei und Salat gereicht wird.	**churrasco**
ist gebratenes Meerschweinchen, das regelmäßig an Wochenenden in Baños angeboten wird.	**cuy**
sind Schweinefleischstückchen, die in der **paila** (Riesenpfanne ähnlich dem asiatischen Wok) mit Knoblauch angebraten und mit **mote,** Kartoffeln, **camote** (Süßkartoffeln) und gebackener Banane **(platano maduro frito)** gereicht werden.	**fritada**

llapingachos sind frittierte Käse-Kartoffelpuffer, die oft mit **fritadas** serviert werden.

lechón ist gebratenes Spanferkel, das auf Märkten und an Straßenständen angeboten wird.

seco de chivo ist ein Reisgericht mit Hammel- oder Ziegenfleisch, das mit Bier und Naranjilla-Saft zubereitet wird. Dazu gibt es gelben Reis und häufig **chicha.** Andere **secos** sind: **seco de cordero** (Lammfleisch) oder **seco de gallina** (Hühnchen).

Nachtisch (postre)

quimbolitos sind Teigtaschen aus gesüßtem Maismehl, dem Zuckerrohrschnaps **majorca** und Rosinen.

helado de paila ist neben dem oft angebotenen Speiseeis das typisch ecuadorianische Eis, das in einer **paila** zubereitet wird.

buñuelos gibt es zu Weihnachten und Neujahr. Mais-Weizenmehltaschen gesüßt mit Limonen- oder Zuckerrohrhonig.

Ausgehen

In Discos und auf Festen passiert vor 22 Uhr nicht viel. Dafür kann dann aber bis weit in den frühen Morgen hinein getanzt werden.

¿Vamos a comer?
(wir-)gehen zu essen
Gehen wir essen?

¿Nos quedamos en la playa?
uns (wir-)bleiben in die Strand
Bleiben wir am Strand?

¿Puedo acompañarte?
(ich-)kann begleiten-dich
Darf ich dich begleiten?

¿Quieres ir al cine conmigo?
(du-)willst gehen zu-der Kino mit-mir
Willst du mit mir ins Kino gehen?

in der Diskothek

In Diskotheken **(salsotecas)** ist normalerweise angemessene Kleidung erforderlich.

bartender	Barkeeper	**barra**	Bar

In Lateinamerika gehört die **musica tropical** *in den Küstenbereichen zur Lebensphilosophie. Auch in Ecuador tanzt man* **Salsa, Merengue** *und* **Cumbia.**

¿Bailamos?
(wir-)tanzen
Tanzen wir?

¡Sí, claro, vamos!
ja, klar, (wir-)gehen
Ja klar, gehen wir!

¿Bailas Salsa?
(du-)tanzt Salsa
Tanzt du Salsa?

No perdóname, pero Merengue sí.
nein (er/sie-)entschuldige!-mich, aber Merengue ja
Leider nicht, aber dafür Merengue.

Bailas muy bien.
tanzt sehr gut(Umst.)
Du tanzt sehr gut.

¿Quieres un trago?
(du-)willst ein Drink
Willst du einen Drink?

Un cuba libre, gracias.
ein Cuba libre, danke
Ja danke, einen Cuba libre.

¿Me gusta la musica aquí, y a tí?
mich (sie-)gefällt die Musik hier, und zu dich
Mir gefällt die Musik hier, und dir?

A mi también. **¿Te gusta el Tango Argentino?**
zu mir auch *dir gefällt der Tango argentinisch*
Mir auch. Gefällt dir Tango Argentino?

Sí, me encanta.
ja, mich (er-)entzückt
Ja, ich liebe ihn.

Liebesgeflüster

Hat ein verliebter Mann eine **cita** (Verabredung) mit einer Latina, muss er damit rechnen, dass sich die Gute um eine Stunde verspätet. Wer verliebt ist, wartet sicher auch zwei Stunden. Sollte die Angebetete allerdingsdann immer noch nicht aufgetaucht sein, dürfte sich die Sache erledigt haben.

Tú me gustas. **Quisiera tocarte.**
du mir (du-)gefällst *(ich-)möchte berühren-dich*
Du gefällst mir. Ich möchte dich streicheln.

Quisiera besarte.
(ich-)möchte küssen-dich
Ich möchte dich küssen.

Quisiera sentirte.
(ich-)möchte fühlen-dich
Ich möchte dich spüren.

Estoy enamorado de ti.
(ich-)bin verliebt von dir
Ich bin in dich verliebt.

¿Hacemos el amor?
(wir-)machen der Liebe
Schlafen wir miteinander?

Quisiera hacer el amor contigo.
(ich-)will machen der Liebe mit-dir
Ich möchte mit dir schlafen.

¿Tienes un condón?
(du-)besitzt ein Kondom
Hast du ein Kondom?

Soy sólo tuyo/tuya.
(ich-)bin nur dein(m/w)
Ich gehöre nur dir.

Tú me exitas.
du mich (du-)erregst
Du erregst mich.

Te quiero tanto.
dich (ich-)liebe soviel
Ich liebe dich so.

Eres un/a buen/a amante.
(du-)bist ein/e gut/e Liebhaber/in
Du bist ein guter Liebhaber/in.

Te extraño.
dich (ich-)vermisse
Du fehlst mir.

Déjame tranquilo/tranquila!
(er/sie-)lässt!-mich ruhig(m/w)
Lass mich in Ruhe!

¡Vete!
geh!-dich
Hau ab!

Te amo *(Infinitiv:* **amar***) heißt „ich liebe dich“ und meint eine sehr sehr ernste, tiefe Liebe. Es kann aber auch anders kommen ...*

Einkaufen

Ecuador bietet eine Fülle von exotischen Früchten, die Sie auch probiert haben sollten.

supermercado Supermarkt	**papelería** Schreibwarenladen
tienda Kaufladen	**kiosko** Kiosk
panadería Bäckerei	**zapatería** Schuster
carnicería Metzgerei	**lavandería** Wäscherei
licorería Spirituosenladen	**óptico** Optiker
librería Buchhandlung	**joyería** Juwelier
	boutique Boutique

Lebensmittel

fréjoles (m Mz) Bohnen	**pan rallado** Paniermehl
salsa de tomate Ketchup	**ají** (m) Peperonigewürz
hierbas Kräuter	**cebollina** Schnittlauch
laurel (m) Lorbeerblätter	**mostaza** Senf
harina Mehl	**embutido** Wurst
clavos de olor Nelken	**salchichas** (Mz) Würstchen (Mz)
aceite (m) Öl	
aceitunas Oliven	

Obst

Der **babaco** *ist eine melonenähnliche Frucht.*

piña Ananas	**pera** Birne
guanábana Anone, Ochsenherzapfel	**mora** Brombeere
manzana Apfel	**chirimoya** Chirimoya (Paradiesapfel)
aguacate (m) Avocado	**frutilla, fresa** Erdbeere
babaco Babaco	**higo** Feige
banana Banane	**arazá** Frucht des **Oriente**
tomate de árbol Baumtomate	

granadilla Granatapfel, Passionsfrucht
toronja Grapefruit
guayaba Guave(nbirne)
melón Honigmelone
tuna Kaktusfrucht
plátano Kochbanane
coco Kokosnuss
limón Limone
mandarina Mandarine
almendra Mandel

mango Mango
maracuyá (m) Maracuya
claudia Mirabelle
naranja Orange
durazno Pfirsich
ciruela Pflaume
membrillo süßer Pfirsich
sandía Wassermelone
uva Weintraube
naranjilla Zitro-Orange

Gemüse

alcachofas (Mz) Artischocken
coliflor Blumenkohl
vainita Bohne, grüne
brócoli (m) Brokkoli
champiñones (Mz) Champinons
arveja Erbse
zanahoria Karotte
garbanzo Kichererbse
lentejas (Mz) Linsen
acelga Mangold
pimiento Paprikaschote

perejil Petersilie
remolacha Rübe, rote
nabo Rübe, weiße
lechuga Salat
apio Sellerie
espárragos (Mz) Spargel
espinaca Spinat
camote (m) Süßkartoffel
tomate (m) Tomate
col (w) Weißkohl
zuquín (m) Zucchini

Kleidung

sostén (m) BH
blusa Bluse
panty (w) Damenslip
medias nylon Damenstrumpfhose
camisa Hemd
calzoncillo Herrenslip

pantalones (m Mz) Hose
vestido Kleid
chompa Pullover
portaligas (Mz)/**liguero** Reizwäsche
falda Rock

sandalias Sandalen	**zapatillas** Turnschuhe
zapatos Schuhe	**enagua** Unterrock
medias/calcetines Socken	**interiores** (Mz) Unterwäsche
camiseta T-Shirt	**chal** (m) Schal/Stola

Hygieneartikel

toallas sanitarias Damenbinden	**hojas de afeitar** Rasierklingen
rinse (m) Haarspülung	**brocha de afeitar** Rasierpinsel
curitas (Mz) Heftpflaster	**jabón** (m) Seife
yodo Jod	**shampoo** (m) Shampoo
condón (m) Kondom	**tampones** Tampons
pintalabios (m) Lippenstift	**polvo para lavar (detergente)** Waschpulver
lima de uñas Nagelpfeile	**algodón** (m) Watte
tijera Nagelschere	**pañales** (m Mz) Windeln
rasuradora Rasierapparat	**cepillo de dientes** Zahnbürste
crema de afeitar Rasiercreme	**pasta de dientes** Zahnpasta

auf dem Indígenas-Markt

In Ecuador gibt es fast in jeder Stadt und in jedem Dorf an bestimmten Wochentagen Märkte. Der bekannteste und größte Indígenas-Markt Lateinamerikas ist in Ecuador der Samstagsmarkt von Otavalo. Hier werden von den Otavalo-Indianern **(otavaleños)** Kunsthandwerk **(artesanías)** und handgewebte Kleidungsstücke zum Verkauf angeboten.

artesanía Textilien
lana de oveja Schafswolle
poncho Poncho
tapiz/tapices Wandteppich/e
alpargatas Leinenschuhe
sombrero de paño Hut der Indígenas
sombrero de paja toquilla Panamahut
blusa Bluse
faja Schärpe
macana, bufanda Schal
chaleco Weste
sandalias Sandalen
shigra Netztasche aus Algavenfaser

joyas (Mz) Schmuck
anillo Ring
pulsera Armband
aretes (m Mz) Ohrclips
reloj (m) Uhr
plata Silber
oro Gold
bronce Bronze
collar (m) Kette
colgante (m) Anhänger
cerámica Keramik
tejidos Webearbeiten
trenzados Flechtarbeit
hamaca Hängematte

Musikinstrumente

flauta Flöte
rondador Zucker-/Bambusrohr-Panflöte
pingullo, quena gekerbte Bambusflöte
zampoñas zweireihige Bambusflöte
ocarina Keramikflöte
guitarra Gitarre
charango Saiteninstrument (5 Saitenpaare)

maraca Kürbisrassel
marimba Schlaginstrument
bombos Trommeln
campanas Glocken
churo klingende Seemuscheln
palo de agua mit Maiskörnern gefülltes Bambusrohr

Krank sein

Wer krank wird, kann ruhig zu einem ecuadorianischen Arzt gehen. Die Krankenhäuser sind gut ausgestattet. Außerdem kann man für besondere Behandlungen auch in Privatkliniken **(clínicas privadas)** gehen.

¡Llámeme usted ...!
(er/sie-)rufe!-mir Sie
Rufen Sie mir ...!

¿Donde le/te duele?
wo ihm/dir (es-)schmerzt
Wo tut es Ihnen/dir weh?

¡Llámame a un médico, por favor!
(er/sie-)ruft!-mir zu ein Arzt, für Gefallen
Ruf mir bitte einen Arzt.

Me duele la cabeza.
mir wehtut die Kopf
Mir tut der Kopf weh.

Una pastilla cada día.
eine Tablette jeder Tag
Nehmen Sie täglich eine Tablette.

In jedem Fall muss eine Behandlung vor Ort bezahlt werden. Lassen Sie sich daher immer eine Quittung für Ihre Krankenversicherung ausstellen!

farmacia	Apotheke
médico	Arzt
tratamiento	Behandlung
muestra de sangre	Blutprobe
jarabe (m)	Hustensaft
vacunación	Impfung
clínica	Klinik
hospital	Krankenhaus
enfermera	Krankenschwester
ambulancia	Krankenwagen
medicamento	Medikament

receta	Rezept
pomada	Salbe
horario de consulta	Sprechstunde
jeringuilla	Spritze
examen copro parasitario	Stuhluntersuchung
pastilla	Tablette
vendaje (m)	Verband

Usted tiene que tomar diez gotas cada cuatro horas/tres veces diarias.
Sie (er/sie-)besitzt dass nehmen 10 Tropfen(Mz) jede 4 Stunden/3 Male täglich
Sie müssen alle 4 Stunden / dreimal täglich 10 Tropfen einnehmen.

Me mordió un perro.
mich (er-)biss ein Hund
Mich hat ein Hund gebissen.

Tengo que vomitar.
(ich-)besitze dass übergeben
Ich muss mich übergeben.

Soy diabético/embarazada.
(ich-)bin Diabetiker/schwanger(w)
Ich bin Diabetiker/schwanger.

Tengo una jeringuilla conmigo.
(ich-)besitze eine Spritze mit-mir
Ich habe eine Spritze dabei.

¿Usted me puede examinar/tratar, por favor?
Sie mich (er/sie-)kann untersuchen/behandeln, für Gefallen
Können Sie mich bitte untersuchen/behandeln?

Me siento mal.
mich (ich-)fühle schlecht
Ich fühle mich schlecht.

Tuve un accidente.
(ich-)besaß ein Unfall
Ich hatte einen Unfall.

Tengo una alergia contra ...
(ich-)besitze eine Allergie gegen
Ich habe eine Allergie gegen ...

¿Dónde le duele?
wo ihm/ihr schmerzt
Wo haben Sie Schmerzen?

Me duele el estómago.
mir schmerzt der Magen
Ich habe Magenschmerzen.

Me torcí el pie.
mir (ich-)drehte der Fuß
Ich bin mit dem Fuß umgeknickt.

¿Ha sido usted vacunado / -a contra el tétano?
(er/sie-)hat gewesen Sie geimpft(m/w) gegen der Tetanus
Sind Sie gegen Wundstarrkrampf geimpft?

Tengo la tension alta/baja.
(ich-)besitze die Druck hoch/niedrig
Ich habe einen hohen/niedrigen Blutruck.

Tengo mi seguro en Alemania/Austria/Suiza/Holanda.
(ich-)besitze mein Krankenversicherung in Deutschland/Österreich/Schweiz/Holland
Ich bin in Deutschland / Österreich / der Schweiz /den Niederlanden krankenversichert.

Necesito un recibo para el seguro.
(ich-)brauche ein Quittung für der Versicherung
Ich brauche eine Quittung für die Versicherung.

Narcotise, por favor.
(er/sie-)betäube!, für Gefallen
Bitte betäuben.

Cálceme el diente, por favor.
(er/sie-)fülle!-mir der Zahn, für Gefallen
Bitte plombieren Sie den Zahn.

dentista (m)	Zahnarzt
calza	Füllung
mandíbula	Kiefer
corona	Krone
puente (m)	Brücke
frenillo	Zahnspange
nervio	Nerv
curación de la raíz	Wurzelbehandlung
encías (Mz)	Zahnfleisch
dolor de dientes	Zahnschmerzen
sacar, extraer	(heraus-)ziehen
muela	Backenzahn
colmillo	Eckzahn
incisivo	Schneidezahn
muela del juicio	Weisheitszahn

Por favor, no me saque el diente.
für Gefallen, nicht mir (er/sie-)ziehe! der Zahn
Den Zahn bitte nicht ziehen.

Apotheke (farmacia)

Necesito algo contra el dolor de dientes.
(ich-)brauche etwas gegen der Schmerz von Zähnen
Ich benötige etwas gegen Zahnschmerzen.

Ecuadorianische Apotheken führen sowohl einheimische als auch nordamerikanische und europäische Medikamente. Sie sind rezeptfrei und wesentlich preiswerter als in Europa.

¿Usted tiene algo contra la diarrea?
Sie (er/sie-)besitzt etwas gegen die Durchfall
Haben Sie etwas gegen Durchfall?

aspirina	Aspirin
emplasto	Heftpflaster
medicina, medicamento	Medikament
pastillas (Mz), **tabletas** (Mz)	Tabletten
pomada	Salbe
termómetro	Thermometer
vendaje (m)	Verband
supositorios (Mz)	Zäpfchen

Krankheiten

amebas	Amöben
cólera (m)	Cholera
dengue (m)	Denguefieber
diarrea	Durchfall
fiebre (w)	Fieber
fiebre amarilla (w)	Gelbfieber
dolor de la garganta	Halsschmerzen
hepatitis (m)	Hepatitis, Leberentzündung
soroche (m)	Höhenkrankheit
tos (w)	Husten
dolor de la cabeza	Kopfschmerzen
paludismo	Malaria
parásitos	Parasiten

mareo (en el barco) Seekrankheit	**tétano** Tetanus
quemadura solar Sonnenbrand	**rabia** Tollwut
insolación Sonnenstich	**tifus** (m) Typhus
	estreñimiento Verstopfung
	herida Wunde

AIDS heißt in Ecuador **(el) SIDA.**

der menschliche Körper (el cuerpo)

brazo Arm	**testículos** (Mz) Hoden
ojo Auge	**quijada** Kinn
párpado Augenlid	**rodilla** Knie
ombligo Bauchnabel	**cabeza** Kopf
cadera Becken	**hígado** Leber
pierna Bein	**labios** Lippen
apéndice (m) Blinddarm	**pulmón** (m) Lungen
sangre (m) Blut	**estómago** Magen
pecho, busto Brust	**boca** Mund
senos Brüste	**nariz** Nase
pezón (m) Brustwarze	**riñon** Niere
intestinos (Mz) Darm	**oreja** Ohr
codo Ellenbogen	**pene** (m) Penis
dedo Finger	**espalda** Rücken
uña Fingernagel	**vello público** (Ez) Schamhaare
pie (m) Fuß	**muslo** Schenkel
cara Gesicht	**hombro** Schulter
pelo Haar	**frente** (w) Stirn
cuello Hals	**vagina** Vagina
garganta Rachen	**mejilla** Wange
mano (w) Hand	**diente** (m) Zahn
piel Haut	**culo, trasero, nalga** Hintern
corazón (m) Herz	
nuca Hinterkopf	

Umgangssprache

In der Umgangssprache werden einzelne Bewohner wie folgt bezeichnet:

Im Bus, im Laden, eigentlich überall hört man in Ecuador das **siga, siga** *(von* **seguir** *„fortsetzen") und oftmals hinterher noch das* **no más.** *Im Bus heißt es so viel wie „durchgehen, weitergehen nach hinten"* **(siga atras)** *oder „schneller aussteigen". Im Laden um die Ecke heißt es „ist schon o. k., guck nur". Beim Nennen des Preises beispielsweise wird man fast immer noch das* **no más** *hinterher hören.*

serrano/a	eine/r aus der Sierra
costeño/a	eine/r von der Küste
oriental	eine/r aus dem Urwald
guayaquileño/a	eine/r aus Guayaquil
quiteño/a	eine/r aus Quito
otavaleño/a	eine/r aus Otavalo
indígena	Indianer
andinista	Andenbergsteiger
campesino	Bauer in den Anden
montuvio	Bauer an der Küste

Andere Wörter und Formulierungen aus der Umgangssprache sind:

achachay brrrr (kalt)
alto halt
arraray autsch (heiß)
ayayay autsch (allg.)
bacan cooler Typ
baja la guardia reg dich ab
cacho Witz
cachudo, cornudo Betrogener
chapa, raya Bulle (für Polizist)
chinchoso eingebildet
cholo Mischling
claro qué sí na klar
estás loco du bist verrückt

guagua Baby, kl. Kind
no me molestes stör mich nicht
pajero Wichser
pana Freundin
pay danke
pila auf Zack
pite wenig
plata Knete (Geld)
tortillera Lesbe
trago Drink
ya te dije das habe ich dir ja gesagt
¡escucha! Hör mal!
¿mande? „bitte?" anstelle von „was?" (qué)
¡ponte once! Pass auf!

Schimpfen & Fluchen

Mit Schimpfwörtern sollte der Ecuador-Besucher sehr vorsichtig umgehen. Die nachfolgenden Listen dienen also vor allem zur Einschätzung der Lage. Es gibt zahlreiche Ausdrücke. Sehr beleidigend sind:

badea (m), **maricón, virado**	Schwuler
hijo de puta	Hurensohn

Meistens dienen die Schimpfwörter – anders als in Deutschland – häufig nur der Unterstreichung einer Aussage, doch weiß man nie genau, wann sie wirklich angebracht sind und wann nicht. Deshalb sollte man sie auch nie selbst anwenden.

Weniger beleidigend, aber genauso deutlich sind:

¡Chupasangre!	Blutsauger!
¡Fuera!	Raus!
¡Huevón! *(Riesen-Ei)*	Blödmann!
¡No me jodas!	Reg mich nicht auf!
¡Pendejo/a! *(Schamhaar)*	Trottel!
¡Vete!	Zisch ab!, Hau ab!

Gängige Ausrufe sind:

¡Carajo!, ¡Caramba!, ¡Chuta!	Verdammt!
¡Dios mío!	Mein Gott!
¡Maldito!	Verdammt!
¡Mierda!	Scheiße!
¡Qué chimbo!	Wie schrecklich!
¡Qué vaina!	So ein Mist!
¡Qué bestia!	Ach du Scheiße!
¡Qué susto!	Wie schrecklich!

Wörterliste Deutsch – Spanisch

Männliche Hauptwörter, *die nicht auf* **-o, -os, -l** *oder* **-r** *enden, sind mit „(m)" gekennzeichnet. Ebenso sind* **weibliche Hauptwörter,** *die nicht auf* **-a, -ad, -ción** *oder* **-z** *enden, mit „(w)" gekennzeichnet.* **Unregelmäßige Verben** *sind mit einem * gekennzeichnet.* **Eigenschaftswörter** *werden nur in der (männlichen) Grundform aufgeführt.*

A

Abend tarde (w)
Abendessen cena
aber pero
abfahren (von) salir* (de), irse* (de)
abfliegen (von) salir* en avión (de)
abgeben depositar, entregar
abreisen salir* de viaje
absteigen bajar
Abteil (Zug) sección
Adresse dirección
Alkohol alcohol
allein solo
alles todo
als (zeitl.) cuando
alt viejo
Alter (Lebens-) edad
Ampel semáforo
anbieten ofrecer*
Andenken recuerdo
anfangen comenzar*, empezar*
Angestellte/r empleada/o
Angst miedo
Angst haben tener* miedo
anhalten parar
ankommen (in) llegar (en)
Ankunft llegada
anmelden anunciar, avisar
Antwort respuesta
antworten contestar
anziehen vestirse
Apotheke farmacia
Arbeit trabajo
arbeiten trabajar
Arbeiter trabajador
arm pobre
Arzt médico, doctor
Aschenbecher cenicero
auch también
auf sobre (örtl.)
Aufenthalt demora, estancia
aufhören terminar, parar
aufgepasst cuidado
aufstehen levantarse
aufsteigen subir
aufwachen despertarse
auf Wiedersehen adiós
aus de
ausdrücken, sich expresarse
Ausfuhr exportación
Ausgang salida
ausgezeichnet excelente
aushändigen entregar
Auskunft información, aviso
Ausland exterior
Ausländer extranjero
ausländisch extranjero
Ausreise salida
Aussprache pronunciación
Ausstellung exposición

Ausweis(-papiere) pasaporte (m), (papeles)
ausziehen, sich desvestirse
Auto coche (m), carro

B

Badeanzug/-hose traje de baño (m)
baden bañarse
Badezimmer baño
Bahnhof estación de ferrocarril
bald pronto
Banane plátano, banana
Bank (Geld) banco
Bank (Sitz-) banco
Bargeld efectivo
Batterie batería,
Batterie (Kamera) pila
bauen construir
Bauer agricultor, campesino
Baum árbol
Baumwolle algodón (m)
bedauern (Leid tun) lamentar
bedeuten significar
beeilen, sich apurarse
beenden terminar, cortar
begegnen (treffen) encontrar*
begegnen, sich encontrarse*
beginnen comenzar*, empezar*
begleiten acompañar
begrüßen saludar
behandeln tratar
Behörde administración
bei con
Beispiel ejemplo
bekannt machen, sich conocerse*
beleidigen ofender, insultar
Belgien Bélgica
Belgier(in) belga (m+w)
belgisch belga
benachrichtigen informar, avisar
Benzin gasolina
Berg cerro, monte (m)
Beruf profesión (w)
berühmt famoso
berühren tocar
beschäftigt ocupado
beschützen protegar
beschweren, sich quejarse
besetzt (Telefon) ocupado
besichtigen visitar
besiegen vencer*
besitzen tener
Besitzer dueño
besser mejor
bestätgen confirmar
bestellen pedir*
Bestellung pedido
bestimmen determinar
bestrafen castigar
Besuch visita
besuchen visitar
betrügen engañar
betrunken borracho
Bett cama
Bettzeug cubrecama
bevor antes
bewegen mover*
Beweis prueba
bezahlen pagar, cancelar
Bier cerveza
Bild cuadro, pintura
billig barato
Binde (med.) venda
bis (zeitl.) hasta
bisschen un poquito
Bitte ruego
bitten preguntar por, rogar*, pedir*
Blatt (botanisch/Papier) hoja
blau azul
bleiben quedarse
Bleistift lápiz (m)
Block (Gebäude-) cuadra
blond rubio
Blume flor (w)
Bluse (Indígena-) huipíl
Bohne (schwarze) frijol
Boot lancha
Botschaft (diplomat.) embajada
Brand incendio
Brauch costumbre (w)
brauchen necesitar
breit ancho
brennen quemar
Brief carta
Briefmarke estampilla
Briefumschlag sobre (m)
Brille lentes (m Mz)
bringen (her-) traer*
bringen (hin-) llevar
Brot pan (m)
Brücke puente (m)
Bruder hermano

Brust pecho
Buch libro
buchen reservar
Buchstabe letra
buchstabieren deletrear
Bucht bahía
bügeln planchar
bunt de colores
Burg castillo
Bürger (Staats-) ciudadano
Bürgersteig vereda
Büro oficina
Bus (auto)bus
Busbahnhof terminal terrestre
Butter mantequilla

C

Chauffeur chofer
Chef jéfe (m)
Creme crema, loción

D

da allí, allá
Dach techo
dafür por eso
dahinter detrás
Damenbinde toalla sanitaria
damit (um zu) por
danach después
danke gracias
danken agradecer*
dann entonces
darum por eso
dass que
Datum fecha
dauern tardar
Decke (Bett-) manta, cubrecama
denken pensar*
Denkmal monumento
deshalb por eso, por lo tanto
deutsch alemán
Deutsche alemana
Deutscher alemán
Deutschland Alemania
Dialekt dialecto
dick gordo
Dieb ladrón (m)
Diebstahl robo
dies (unpers.) esto
diese(r, -s) este (m)/esta (w)
Ding cosa
Diskothek discoteca
Dokument documento
Dolmetscher traductor
Dorf pueblo
dort allí, allá
dorthin por allá
dringend urgente
Dschungel selva, jungla
dumm tonto
dunkel oscuro
dünn delgado, flaco
durch (quer) en medio de
Durchfall diarrea
dürfen deber
Durst haben tener* sed

E

echt puro
Ehefrau esposa
Ehemann marido
Ehepaar pareja
Ei huevo
Eigentum propiedad
Eimer cubo
einander uno al otro
Einbruch robo
einfach simple
Einfuhr importación
Eingang entrada
einige algunos (m Mz), algunas (w Mz)
einladen invitar
Einladung invitación
einmal una vez
einsteigen entrar
eintreten entrar
einverstanden! ¡de acuerdo!
Einwohner inhabitante (m)
Eis (gefr. Wasser) hielo
Eis (Speise-) helado
Eisenbahn ferrocarríl
Eltern padres (m Mz)
empfangen recibir
empfehlen recomendar*
Ende fin (m)
eng angosto
England Inglaterra
Engländer inglés
Engländerin inglesa
englisch inglés
Enkel nieto

Enkelin nieta
Entfernung distancia
entscheiden decidir
entschuldigen, sich disculparse
Entschuldigung! ¡Disculpe!, ¡Perdón!
erbrechen, sich vomitar
Erdbeben terremoto
Erde tierra
Ereignis evento
Erfolg éxito
erhalten recibir
erholen, sich descansar
erinnern, sich acordarse
erkältet sein tener* la gripe
erklären explicar
erkundigen, sich informarse
erlauben permitir
Erlaubnis permiso
Ermäßigung rebaja, descuento
Ersatzteil (pieza de) repuesto
erster primero
erzählen contar*
erwarten exigir
essen comer
essen (zu Abend) cenar
essen (zu Mittag) almorzar
Essen (Mahlzeit) comida
Essig vinagre (m)
Etage piso, nivel
etwa más o menos, aproximadamente
etwas algo

F

Fabrik fábrica
Faden hilo
fahren (Auto) manejar, conducir
Fahrkarte boleto
Fahrplan horario
Fahrrad bici(cleta)
fallen (hin-) caerse
falsch falso
Familie familia
Familienname apellido
Farbe color
Farbfilm rollo en color
Farm hacienda
faul (Obst) descompuesto
faul (träge) flojo
Fehler error
Feier fiesta
feiern celebrar
feilschen negociar
Feld terreno
Fenster ventana
Ferien vacaciones (w Mz)
fern lejos
Fernsehgerät televisor
fertig listo
fest firme
Fest fiesta, feria
feucht mojado
Feuer fuego, incendio
Fieber fiebre (w)
Film (Kino) película
finden encontrar*
Finger dedo
Fisch pez (m)
Fisch (z. Essen) pescado
Flasche botella
Flaschenöffner destapador
Fleisch carne (w)
fleißig trabajador
fliegen volar
Flughafen aeropuerto
Flugticket boleto
Flugzeug avión (m)
Fluss río
Formular formulario
Fotoapparat cámara
Fotografie foto (w)
fotografieren tomar una foto
Frage pregunta
fragen preguntar
Frankreich Francia
Franzose francés
Französin francesa
französisch francés
Frau mujer (w)
Fräulein señorita
frei libre
fremd extranjero
Freude alegría
freuen, sich alegrarse, encantarse
Freund amigo
Freundin amiga
freundlich amable
Freundschaft amistad
Frieden paz (w)
frieren tener* frio
frisch (Obst) fresco
fröhlich alegre
Frucht fruta

früh temprano
Frühling primavera
frühstücken desayunar
fühlen, spüren sentir*
fühlen, sich sentirse*
Führer (Fremden-) guía (de turista) (m/w)
für para
fürchten, sich tener miedo
Fuß pie (m)

G

Gabel tenedor
ganz todo
gar nicht por nada
Garten jardín (m)
Gasse callejón (m)
Gast huésped (m+w)
Gastfreundschaft hospitalidad
Gebäck pasteles (m Mz)
Gebäude edificio
geben dar*, entregar
Gebirge montaña
Gebühr contribución
Geburtstag cumpleaños (m Mz)
gefährlich peligroso
gefallen gustar
Gefühl sentimiento
gegen contra
Gegend región (w)
gegenüber enfrente
gehen ir*, andar, caminar
gelb amarillo
Geld dinero
Gemüse verdura
gemütlich cómodo
genau exacto
genießen disfrutar
genug bastante, suficiente
Gepäck equipaje (m)
geradeaus recto
gern con mucho gusto
Geschäft (Laden) negocio
Geschäft (Tätigkeit) trabajo
Geschenk regalo
Geschichte (Erzählung) narración, cuento
Geschichte (historisch) historia
geschlossen cerrado
Geschwister hermanos (m Mz)
Gesellschaft sociedad
Gesetz ley (w)
Gespräch conversación
gestern ayer
gesund sano
Gesundheit salud (w)
Getränk bebida
Gewicht peso
Gewitter tormenta
gewöhnen acostumbrarse
Gewürz condimento
gibt: es gibt hay
Gift veneno
Gipfel cumbre (w), cima
Glas (Material) vidrio
Glas (Trink-) vaso
glauben creer*
gleich (egal) igual
gleich (sofort) ahora mismo
Glück suerte (w)
glücklich sein estar* feliz
Glühbirne bombilla
Gold oro
Gott Dios (m)
Gramm gramo
Grammatik gramática
gratulieren felicitar
Grenze frontera
Grippe gripe (w)
groß grande
Größe (Kleidung) tamaño
Großmutter abuela
Großvater abuelo
grün verde
Gruppe grupo
grüßen saludar
grüßen (sich) saludarse
gültig válido
gut bueno

H

haben (besitzen) tener*
haben (Hilfsverb) haber*
Hafen puerto
Hagel granizo
Hälfte mitad
halten sostener*
Haltestelle parada
Hand mano (w)
Handel comercio
handgemacht hecho a mano
hart duro
hässlich feo
Hauptplatz (in d. Stadt) plaza mayor/grande

Hauptstadt capital (w)
Haus casa
Hausfrau ama de casa
Hausherr patrón (m)
heben levantar
heiraten casarse
heiß caliente
heißen llamarse
helfen ayudar
hell claro
Herbst otoño
Herr señor
Herz corazón (m)
herzlich cariñoso
heute hoy
hier aquí, acá
Hilfe ayuda
hinlegen, sich acostarse
hinter atrás
hoch alto
Hochzeit boda, casamiento
hoffen esperar
höflich cortés
Höhle cueva
Holz madera
Honig miel
hören oír*, escuchar
Hotel hotel, hospedaje (m)
hübsch lindo, bonito, guapo
Hund perro
hungrig sein tener* hambre
Hut sombrero
Hygiene higiene (w)

I

immer siempre
impfen vacunar
in (örtl.) en, dentro de
in Richtung auf hacia
Industrie industria
Innenhof patio
innerhalb (zeitl.) dentro de, en
Insekt insecto
Insel isla
interessant interesante
interessieren, sich für interesarse por
international internacional
irren, sich equivocarse

J

ja sí, de acuerdo
jagen cazar
Jahr año
Jahreszeit estación
jährlich anual
jeder cada uno
jedesmal cada vez
jedoch sin embargo
jemand alguien
jene aquella (w)
jener aquel (m)
jetzt ahora
Journalist(in) periodista
jung joven
Junge chico

K

Kaffee café (m)
Kakerlake cucaracha
kalt frío, helado
kaputt roto, descompuesto
Karte (Land-) mapa (m)
Käse queso
Kasse caja
Kassette casete (m)
kaufen comprar
keine ninguna
keiner ninguno
kennen conocer*
Kerze vela, candela
Kind niño
Kino cine (m)
Kirche iglesia
Kleidung vestido
klein chico, pequeño
Kleingeld sueltos (Mz)
klug inteligente
Kneipe bar, tasca
kochen cocinar
Koffer maleta
kommen llegar, venir*
kompliziert complicado
können poder*
Konsulat consulado
kontrollieren controlar
Konzert concierto
Korkenzieher descorchador
kosten (Preis) costar*, valer*
kosten (probieren) probar
kostenlos gratuito, gratis
krank enfermo
Krankenhaus clínica, hospital
Krankenschwester enfermera
Krankheit enfermedad

Kreuzung cruce (m), crucero
kühl fresco
Kühlschrank refrigerador
Kunst arte (m)
Kunstgewerbe artesanía
kurz corto
küssen besar

L

lächeln sonreír
lachen über reirse de
Laden tienda
Lage (geogr.) posición
Lampe lámpara
Land país (m)
Landkarte mapa (m)
Landschaft paisaje (m)
Landwirtschaft agricultura
lang largo
lang (hoch, groß) alto
langsam despacio, lento
langweilig aburrido
laufen, rennen correr
laut con voz alta
leben vivir
Leben vida
Lebensmittel alimentos (Mz)
ledig soltero
leer vacío
legen (stellen) poner*
lehren enseñar
Lehrer maestro, profesor
leicht (Gewicht) liviano
leicht (Problem) fácil
leihen, sich von prestar de
lernen aprender
lesen leer
Leute gente (w)
Licht luz
Liebe amor (m)
lieben querer*, amar
liebenswürdig amable
Lied canción
liegen estar* acostado
links a la izquierda
Löffel cuchara
Lohn (Gehalt) sueldo
Lover amante (m/w)
lügen mentir
Lust haben tener* ganas
lustig alegre, chistoso

M

machen hacer*
Mädchen chica
malen pintar
man se
Manager(in) gerente (m+w)
manchmal a veces, de vez en cuando
Mann hombre (m)
Markt mercado
Marmelade mermelada
Medikament medicina, medicamento
Meer mar
mehr más
Menge (Quantität) cantidad
Mensch hombre (m)
merken, sich conmemorar
Messer cuchillo
mieten rentar
Milch leche (w)
Minute minuto
mit con
Mittag mediodía
Mittag essen almorzar
Mittagessen almuerzo
mitteilen comunicar
Mitternacht edianoche (w)
Mode moda
möglich posible
Monat mes (m)
morgen mañana
Morgen mañana
Motor motor
Motorboot lancha, yate (m)
Motorrad moto (w)
müde cansado
Müll basura
Museum museo
Musik música
müssen tener* que, deber
Mutter madre (w), mamá

N

nach (Richtung) a
nach (zeitl.) después
Nachmittag tarde (w)
Nachname apellido
Nachricht noticia
nächstes Mal la próxima vez
Nacht noche (w)
nackt desnudo
Nadel aguja
nah cerca
nähen coser

Name (Vor-) nombre (m)
nass húmedo
Nationalität nacionalidad
Natur naturaleza
natürlich natural
Nebel niebla
nebelig neblina
neben al lado de
nehmen tomar
nein no
neu nuevo
neugierig curioso
nicht no
nichts nada
Niederlande Holanda
niederländisch holandés
Niederländer holandés
Niederländerin holandesa
niedrig bajo
niemals nunca, jamás
niemand nadie
nirgends por ningún lado
noch todavía, aún
noch ein otro
noch einmal otra vez
Norden norte (m)
normal normal
notwendig necesario
null cero
Nummer número
nur solo
nutzen usar

O

ob si
oben arriba
Obst fruta
oder o
offen (geöffnet) abierto
öffnen abrir
oft muchas veces
ohne sin
Öl aceite (m)
Organ órgano
organisieren organizar
Ort lugar
Osten (Region) oriente (m)
Osten (Richtung) este (m)
Österreich Austria
Österreicher austríaco
Österreicherin austríaca
österreichisch austríaco

P

paar (einige) algunos (m Mz)/ algunas (w Mz)
Päckchen paquete (m)
Palast palacio
Panne (Auto) avería
Papier papel
Park parque (m)
parken (Wagen) parquear, aparcar
Pass (Reise-) pasaporte (m)
passieren pasar
Patient(in) paciente (m+w)
Pause pausa
Person persona
Pflanze planta
Plan plan (m)
Platz plaza
plötzlich de repente
Politik política
Polizei policía (w)
Polizist policía (m)
Post correo
Postkarte postal (w)
Preis precio
privat privado
probieren probar
Problem problema (m)
Programm programa (m)
pünktlich puntual

Q / R

Qualität calidad
Radiogerät radio (w)
Ratschlag consejo
rauchen fumar
Raum cuarto
rechnen calcular
Rechnung factura, cuenta
Recht derecho
rechts a la derecha
reden hablar
Regen lluvia
Regenschirm paragua (m)
registrieren registrar
regnen llover*
reich rico
reif maduro
Reis arroz (m)
Reise viaje (m)
Reisebüro agencia de viaje
reisen viajar
rennen correr
reparieren arreglar
reservieren reservar
Restaurant restaurante (m)

Rettungswagen ambulancia
richtig correcto
Richtung dirección
riechen oler
roh (Speisen) crudo
rot rojo
Rückfahrt viaje de regreso
Rucksack mochila
rufen (schreien) gritar
Ruhe silencio
ruhen descansar
ruhig tranquilo

S

Sache (Ding) cosa
Saft jugo
sagen decir*
Salat ensalada
Salbe pomada
Salz sal (w)
sammeln recoger
Sand arena
satt satisfecho
Satz (Grammatik) frase (w)
sauber limpio
säubern limpiar
sauer ácido
Schallplatte disco
scharf picante
Schatten sombra
schätzen estimar
Scheck cheque (m)
Schere tijera
schicken mandar, enviar
schießen tirar
Schiff barco, barca
schlafen dormir*
Schlafzimmer dormitario
schlagen pegar
schlecht mal
schlechter peor
schließen cerrar*
Schloss (Bau) castillo
Schlucht barranco
Schlüssel llave (w)
schmackhaft sabroso, rico
Schmerz dolor, pena
schmerzen doler*
Schmuck alhaja
schmutzig sucio
Schnaps aguardiente
Schnee nieve (w)
Schneeberg nevado
schnell rápido
schon ya
schön bonito, lindo
schrecklich horrible, terrible
schreiben escribir
schreiben, sich escribirse
schreien gritar
Schuh zapato
schuldig culpable
Schule escuela
Schüler alumno
Schülerin alumna
schwanger embarazada
schwarz negro
Schweiz Suiza
Schweizer suizo
Schweizerin suiza
schweizerisch suizo
schwer pesado
Schwester hermana
schwierig difícil
schwimmen nadar
schwitzen sudar
See, der lago
See, die mar
Seele alma (m)
sehen ver*, mirar
sehen, sich verse*
Sehenswürdigkeit lugar de interés
Seide seda
Seife jabón (m)
Seil cuerda
sein (Verb) ser*, estar*
seit desde
Seite (Buch) página
Seite (Richtung) lado
Sekunde segundo
selbst mismo
selten raro
senden mandar, enviar
setzen, sich sentarse
sicher seguro
siegen vencer*
Silber plata
singen cantar
sitzen estar sentado
so así
sofort inmediatamente
Sohn hijo
sollen deber
Sommer verano
sondern sino
Sonne sol
Sorgen machen, sich preocuparse
sparen ahorrar
spät tarde

spazieren gehen pasear
Speise alimento
Speisekarte carta
spielen jugar
Spielzeug juguete (m)
Sport deporte (m)
Sprache idioma (m)
sprechen hablar
spritzen (medizin.) inyectar
Staat estado
Staatsangehörigkeit nacionalidad
Stadt ciudad
stark fuerte
stechen picar
stehen bleiben pararse
Stein piedra
Stelle (Ort) lugar
stellen (legen) poner*
sterben morir*
Stil estilo
Stimme voz
Stoff tela
stören molestar
Strafe pena, castigo
Strand playa
Straße calle (w)
Streichhölzer fósforos (Mz)
streiten, sich pelearse
Stück pieza
Student/in estudiante
studieren estudiar
Stunde hora
suchen buscar
Süden sur
Summe suma
Suppe sopa
süß dulce

T

Tabak tabaco
Tablette pastilla
Tag día (m)
täglich diario
Tal valle (m)
Tampon tampón (m)
Tankstelle gasolinera
tanzen bailar
Tasche bolsa
Taxi taxi (m)
Taxifahrer taxista (m/w)
Taximeter taxímetro
Tee té (m)
Telefon teléfono
telefonieren llamar por teléfono
Telegramm telegrama (m)
Teller plato
teuer caro
Theater teatro
Thema tema (m), motivo
tief profundo
Tier animal
Tisch mesa
Tochter hija
Tod muerte (w)
Toilette sanitario
Toilette (Bad) baño
Toilettenpapier papel higiénico
tot muerto
töten matar
Tourist turista (m/w)
Tradition tradición
tragen llevar, cargar
traurig triste
treffen (begegnen) encontrar*
Treppe escalera
trinken tomar
Trinkgeld propina
trocken seco
tun hacer*
Tür puerta
Turm torre (w)

U

üben practicar
über sobre
überall por todos lados
Überfall asalto
übersetzen (Sprache) traducir*
Übersetzer/in traductor/-a
Überweisung transferencia
übrig sobrante
Uhr (nicht Uhrzeit) reloj (m)
Uhr (Stunde) hora
um zu para
Umgebung alrededores (m Mz)
Umleitung desvío
Umweg desvío
Umwelt medio ambiente
unbekannt desconocido
und y
Unfall accidente (m)
unglaublich increíble
Universität universidad
unschuldig inocente
unten abajo
unter debajo
unterhalten, sich conversar

Unterkunft hospedaje (m)
unterrichten (lehren) enseñar
unterscheiden distinguir
unterschreiben firmar
Unterschrift firma
untersuchen investigar
Urlaub vacaciones (w Mz)

V

Vater padre (m), papá (m)
verabreden, sich hacer* una cita
Verabredung cita
verabschieden, sich despedirse*
verboten prohibido
Verbrechen crimen (m)
verdienen (Gehalt) ganar
vergessen olvidarse de
vergleichen comparar
vergnügen, sich divertirse*
Vergnügen gusto
verheiratet casado
verhindern impedir
verirren, sich perderse
verkaufen vender
verlangen pedir
verleihen an prestar a
verletzen herir
verletzt herido
Verletzung herido
verlieben, sich enamorarse
verlieren (Dinge) perder*
vermieten arrendar
Vermittlung operador
Versicherung seguro
verspäten, sich tardarse
verstehen comprender, entender*
versuchen tratar
verteidigen defender*
verwechseln confundir
viel mucho
vielleicht tal vez
Vogel pájaro
voll lleno
von (Ort) de
vor (örtl.) delante
vor (zeitl.) hace
vorbereiten preparar
vorher antes
Vormittag mañana
vormittags en la mañana
Vorname nombre (m)
vorschlagen proponer*
vorstellen (etw.), sich imaginarse
vorstellen (jmd.) presentar a alguien
Vorwahlnummer clave (w) lada

W

Wagen coche (m), carro
wahr cierto
während durante
Wahrheit verdad
Wald bosque (m)
Wand pared (w)
wandern caminar
wann? ¿cuándo?
Ware mercancía
warm, heiß caliente
warten esperar
warum? ¿por qué?
was? ¿qué?
waschen lavar
Wasser agua
Wasser (Mineral-) agua mineral
Watte algodón (m)
Wechselgeld sueltos
wechseln cambiar
wecken despertar
Weg camino
wegen (durch) por
weggehen irse*
weiblich femenino
weich suave
weil porque
Wein vino
weinen llorar
weiß blanco
weit (Entfernung) lejos
welche(r, -s) que
welche(r, -s)? ¿cuál?
wenig poco
wenn (als) cuando
wenn (falls) si
wer? ¿quién?
wessen? ¿de quién?
Westen (Region) occidente (m)
Westen (Richtung) oeste (m)
Wetter tiempo
wichtig importante
wie como
wie? ¿cómo?
wie lange? ¿cuánto tiempo?

wie viel? ¿cuánto?
wieder de nuevo, otra vez
wiederholen repetir
Wind viento
Windel pañal
Winter invierno
wissen saber*
Witz broma, chiste (m)
witzig chistoso
wo? ¿dónde?
Woche semana
Wochenende fin de semana (m)
wöchentlich semanal
wofür? ¿para qué?
woher? ¿de dónde?
wohin? ¿adónde?
wohnen vivir
Wohnung casa, departemento
Wolke nube (w)
wollen querer*
Wort palabra
Wörterbuch diccionario
Wunde herida
wünschen desear

Z

zahlen pagar
zählen contar*
Zahnarzt dentista (m+w)
Zahnbürste cepillo de dientes
Zahnpasta pasta de dientes
zeichnen dibujar
zeigen mostrar
Zeit tiempo
Zeitung periódico
Zelt carpa
Zentrum centro
Zigarette cigarrillo
Zigarre puro, cigarro
Zimmer cuarto
Zoll aduana
zu (nach) a
zu Fuß a pie
zu viel demasiado
Zucker azúcar
zufrieden contento
Zug tren (m)
zurück por atrás
zurückkommen volver
zusammen juntos
zwischen entre

Wörterliste Spanisch – Deutsch

A

a zu, nach (Richtung)
a la derecha rechts
a la izquierda links
a pie zu Fuß
a veces manchmal
abajo unten
abierto offen (geöffnet)
abrir öffnen
aburrido langweilig
acá hier
accidente (m) Unfall
aceite (m) Öl
ácido sauer
acompañar begleiten
acordarse sich erinnern
acostarse sich hinlegen
acostumbrarse gewöhnen
adiós auf Wiedersehen
administración Behörde
aduana Zoll
¿adónde? wohin?
aeropuerto Flughafen
agencia de viaje Reisebüro
agradecer* danken
agricultor Bauer
agricultura Landwirtschaft
agua (mineral) (Mineral-)Wasser
aguardiente (Zuckerrohr-) Schnaps
aguja Nadel
ahora jetzt
ahorrar sparen
al lado de neben
alcohol Alkohol
alegrarse sich freuen
alegre fröhlich, lustig
alegría Freude
alemán Deutscher; deutsch
alemana Deutsche
Alemania Deutschland
alguien jemand
algo etwas
algodón (m) Baumwolle, Watte
algunos/-as paar (einige)
alimento Speise
alimentos (Mz) Lebensmittel
allá/allí dort, da
alma (m) Seele
almorzar Mittag essen
almuerzo Mittagessen
alto lang; hoch; groß
alumno/alumna Schüler/Schülerin
ama de casa Hausfrau
amable freundlich
amante (m/w) Liebhaber/in
amar lieben
amarillo gelb
amor (m) Liebe
ambulancia Rettungswagen
amiga Freundin
amigo Freund
amistad Freundschaft
ancho breit
andar gehen
angosto eng
animal Tier
antes bevor; vorher
anual jährlich
anunciar anmelden
año Jahr
apellido Nachname
aprender lernen
apurarse sich beeilen
aquel jener
aquella jene (Ez)
aquí hier
árbol Baum
arena Sand
aretes (m Mz) Ohrklips
arreglar reparieren
arriba oben
arroz (m) Reis
arte (m) Kunst
artesanía Kunstgewerbe
así so
atrás (da)hinter
Austria Österreich
austríaca Österreicherin
austríaco Österreicher; österreichisch
avión (m) Flugzeug
ayer gestern
ayuda Hilfe
ayudar helfen
azúcar Zucker
azul blau

B

bahía Bucht
bailar tanzen

bajar absteigen
bajo niedrig
banco Bank (Geld, Sitz-)
bañarse baden
baño Bad; Toilette
barato billig
barco Schiff
barranco Schlucht
bastante genug
basura Müll
batería Batterie
bebida Getränk
belga (m+w) Belgier/in; belgisch
Bélgica Belgien
besar küssen
bici(cleta) Fahrrad
blanco weiß
boda Hochzeit
bolero Schwindler
boleto Fahrkarte
bolsa Tasche
bombilla Glühbirne
bonito hübsch
borracho betrunken
bosque (m) Wald
botella Flasche
bueno gut
buscar suchen
caerse (hin)fallen

C

cada uno jeder
cada vez jedesmal
café (m) Kaffee
caja Kasse
calcular rechnen
calidad Qualität
caliente heiß, warm
calle (w) Straße
callejón (m) Gasse
calor Hitze
cama Bett
cámara Fotoapparat
cambiar wechseln
caminar gehen; wandern
camino Weg
camioneta Sammeltaxi
campesino (Hochland-) Bauer
cancelar (be)zahlen
canción Lied
candela Kerze
cansado müde
cantar singen
cantidad Menge (Quantität)
capital (w) Hauptstadt
capital (m) Kapital (Vermögen)
cariñoso herzlich
carne (w) Fleisch
caro teuer
carpa Zelt
carro Auto, Wagen
carta Brief; Karte
casa Haus, Wohnung
casado verheiratet
casarse heiraten
casete (m) Kassette
castillo Schloss (Gebäude)
celebrar feiern
cena Abendessen
cenar essen (zu Abend)
cenicero Aschenbecher
centro Zentrum
cepillo de dientes Zahnbürste
cerca nah
cerrado geschlossen
cerrar* schließen
cerro Berg
cerveza Bier
cierto wahr
cigarrillo Zigarette
cima Gipfel
cine (m) Kino
cita Verabredung
ciudad Stadt
claro hell
clínica Klinik
coche (m) Auto, Wagen
cocinar kochen
color Farbe
comenzar* anfangen, beginnen
comer essen
comercio Handel
comida Essen (Mahlzeit)
como wie
¿cómo? wie?
cómodo gemütlich
comparar vergleichen
complicado kompliziert
comprar kaufen
comprender verstehen
comunicar mitteilen
con bei; mit
con mucho gusto sehr gern
con voz alta laut
concierto Konzert
condimento Gewürz

conducir fahren (Auto)
confirmar bestätigen
confundir verwechseln
conocer* kennen
conocerse* sich bekannt machen
consejo Ratschlag
construir bauen
consulado Konsulat
contar* zählen; erzählen
contento zufrieden
contestar antworten
contra gegen
controlar kontrollieren
conversación Gespräch
corazón (m) Herz
correcto richtig
correo Post
correr laufen, rennen
cortar schneiden
corto kurz
cosa Sache, Ding
coser nähen
costar* kosten (Preis)
costumbre (w) Brauch
creer* glauben
crema Creme
crimen (m) Verbrechen
cruce (m) Kreuzung
crucero Kreuzung
crudo roh (Speisen)
cuadro Gebäudeblock; Bild
¿cuál? welche(r, -s)?
cuando wenn, als (zeitl.)
¿cuándo? wann?
¿cuánto? wie viel?
¿cuánto tiempo? wie lange?
cuarto Raum, Zimmer
cubo Eimer
cuchara Löffel
cuchillo Messer
cuenta Rechnung
cueva Höhle
culpa Schuld
cumbre (w) Gipfel
cumpleaños (m Mz) Geburtstag
curioso neugierig
cheque (m) Scheck
chévere toll
chica Mädchen
chico Junge; klein
chiste (m) Witz
chistoso witzig
chofer Chauffeur
cholo dunkelhäutiger Mestize der Sierra

D

dar* geben
de aus, von (Ort)
de acuerdo ja; einverstanden
¿de dónde? woher?
de nuevo wieder
¿de quién? wessen?
de repente plötzlich
debajo unter
deber dürfen; sollen; müssen
decidir entscheiden
decir* sagen
dedo Finger
defender* verteidigen
delante vor (örtl.)
deletrear buchstabieren
delgado dünn
demasiado zu viel
dentista (m+w) Zahnarzt
dentro de innerhalb; in
deporte (m) Sport
depositar abgeben
derecho Recht
desayunar frühstücken
descansar ruhen, sich erholen
desconocido unbekannt
descuento Ermäßigung
desde seit
desear wünschen
desnudo nackt
despacio langsam
despedirse* sich verabschieden
despertar wecken
despertarse aufwachen
después danach, nach (zeitl.)
determinar bestimmen
día (m) Tag
dialecto Dialekt
diario täglich
diarrea Durchfall
dibujar zeichnen
diccionario Wörterbuch
difícil schwierig
dinero Geld
Dios (m) Gott
dirección Richtung; Adresse
disco Schallplatte
discoteca Diskothek

disculparse sich entschuldigen
disfrutar genießen
distancia Entfernung
distinguir unterscheiden
divertirse* sich vergnügen
divisas (w Mz) Devisen
documento Dokument
doler* schmerzen
dolor Schmerz
¿dónde? wo?
dormir* schlafen
dueño Besitzer
dulce süß
durante während
duro hart

E

edad (Lebens-)Alter
edificio Gebäude
efectivo Bargeld
ejemplo Beispiel
embajada Botschaft (diplomat.)
embarazada schwanger
empezar* anfangen, beginnen
empleado/empleada Angestellte(r)
en in (örtl.)
en la mañana vormittags
en medio de durch (quer)
enamorarse (de) sich verlieben (in)
encantarse sich freuen
encontrar* finden; begegnen, treffen
encontrarse* sich begegnen
enfermedad Krankheit
enfermera Krankenschwester
enfermo krank
enfrente gegenüber
engañar betrügen
ensalada Salat
enseñar unterrichten, lehren
entender* verstehen
entonces dann
entrada Eingang
entrar eintreten, einsteigen
entre zwischen
entregar geben, aushändigen
enviar schicken, senden
equipaje (m) Gepäck
equivocar sich irren
error Fehler
escalera Treppe
escribir schreiben
escuchar hören
escuela Schule
esperar hoffen; warten
esposa Ehefrau
esta (w) diese (Ez)
estación Jahreszeit
estación de ferrocarril Bahnhof
estado Staat
estampilla Briefmarke
estancia Aufenthalt
estar* sein (Verb)
estar* acostado liegen
estar* feliz glücklich sein
este (m) Osten (Richtung)
este (m) dieser/-s
estilo Stil
estimar schätzen
esto dies (unpers.)
estudiante (m+w) Student/in
estudiar studieren
evento Ereignis
exacto genau
excelente ausgezeichnet
exigir erwarten
éxito Erfolg
explicar erklären
exportación Ausfuhr
exposición Ausstellung
expresarse sich ausdrücken
exterior Ausland
extranjero fremd, ausländisch; Ausländer

F

fábrica Fabrik
fácil einfach, leicht
factura Rechnung
falso falsch
familia Familie
famoso berühmt
farmacia Apotheke
fecha Datum
felicitar gratulieren
feliz glücklich
femenino weiblich
feo hässlich
feria Fest

ferrocarríl Eisenbahn
fiebre (w) Fieber
fiesta Fest, Feier
fin (m) Ende
fin de semana (m) Wochenende
firma Unterschrift
firmar unterschreiben
flaco dünn
flojo faul (träge)
flor (w) Blume
formulario Formular
fósforos (Mz) Streichhölzer
foto (w) Foto(grafie)
francés Franzose; französisch
francesa Französin
Francia Frankreich
frase (w) Satz (Grammatik)
fréjol (m) Bohne
fresco kühl; frisch (Obst)
frío kalt
frontera Grenze
fruta Frucht, Obst
fuego Feuer
fuerte stark
fumar rauchen

G

ganar verdienen (Gehalt)
gasolina Benzin
gasolinera Tankstelle
gente (w) Leute
gerente (m+w) Geschäftsführer/in
gordo dick
gracias danke
gramática Grammatik
gramo Gramm
grande groß
granizo Hagel
gratis kostenlos
gratuito kostenlos
gripe (w) Grippe
gritar rufen, schreien
grupo Gruppe
guapo hübsch
guía (m/w) Führer/in
gustar gefallen
gusto Vergnügen

H

haber* haben (Hilfsverb)
habitación (w) Zimmer
hablar sprechen, reden
hace seit
hacer* machen, tun
hacer* una cita sich verabreden
hacia in Richtung auf
hacienda Farm
hasta bis (zeitl.)
hay es gibt
hay que man muss
hecho a mano handgemacht
helado (Speise-)Eis; kalt
herida Wunde, Verletzung
herir verletzen
hermana Schwester
hermano Bruder
hermanos (m Mz) Geschwister
hielo Eis (gefr. Wasser)
higiene (w) Hygiene
hija Tochter
hijo Sohn
hilo Faden
historia Geschichte (hist.)
hoja Blatt (bot./Papier)
Holanda Niederlande
holandés (m) Niederländer; niederländisch
holandesa Niederländerin
hombre (m) Mensch; Mann
hora Stunde
horario Fahrplan
horrible schrecklich, furchtbar
hospedaje (w) Hotel
hospital Krankenhaus
hospitalidad Gastfreundschaft
hotel Hotel
hoy heute
huésped (m+w) Gast
huevo Ei
húmedo nass

I

idioma (m) Sprache
iglesia Kirche
igual gleich (egal)
imaginarse sich (etw.) vorstellen
impedir verhindern
importación Einfuhr
importante wichtig
incendio Brand, Feuer
increíble unglaublich
industria Industrie

información Auskunft
informar benachrichtigen
informarse sich erkundigen
Inglaterra England
inglés Engländer; englisch
inglesa Engländerin
inhabitante (m) Einwohner
inmediatamente gleich, sofort
inocente unschuldig
insecto Insekt
insultar beleidigen
inteligente klug
interesante interessant
interesarse (por) sich interessieren (für)
internacional international
investigar untersuchen
invierno Winter
invitación Einladung
invitar einladen
inyectar spritzen (medizin.)
ir* gehen
irse* weggehen
irse* (de) abfahren (von)
isla Insel

J

jabón (m) Seife
jamás niemals
jardín (m) Garten
jefe (m) Chef
joven Junge; jung
jugar spielen
jugo Saft
juntos zusammen

L

lado Seite (Richtung)
ladrón (m) Dieb
lago See, der
lamentar bedauern
lámpara Lampe
lancha Motorboot
lápiz (m) Bleistift
largo lang
lavar waschen
leche (w) Milch
leer lesen
lejos fern, weit
lentes (m Mz) Brille
lento langsam
letra Buchstabe
levantar (auf)heben
levantarse aufstehen
ley (w) Gesetz
libre frei
librería Buchhandlung
libro Buch
limpiar säubern
limpio sauber
lindo schön
listo fertig
liviano leicht (Gewicht)
lugar Stelle, Ort
luz Licht
llamar rufen
llamar por teléfono anrufen
llamarse heißen
llave (w) Schlüssel
llegada Ankunft
llegar kommen
lleno voll
llevar hinbringen, tragen
llorar weinen
llover* regnen
lluvia Regen

M

madera Holz
madre (w) Mutter
maduro reif
maestro Lehrer
mal schlecht
maleta Koffer
mandar schicken, senden
manejar fahren (Auto)
mano (w) Hand
mantequilla Butter
manzana Apfel
mañana Morgen; morgen
mapa (m) Landkarte
mar Meer
marido Ehemann
más mehr (Vergleich)
más o menos etwa, mehr oder weniger
matar töten
medianoche (w) Mitternacht
medicina Medizin
médico Arzt
medio ambiente Umwelt
mediodía Mittag
mejor besser
menos weniger
mensual monatlich
mentir lügen
mercado Markt
mermelada Marmelade
mes (m) Monat

mesa Tisch
miedo Angst
miel Honig
mirar sehen
mismo selbst
mitad Hälfte
mochila Rucksack
mojado feucht
molestar stören
montaña Gebirge
monte (m) Berg
monumento Denkmal
morir* sterben
mostrar zeigen
moto (w) Motorrad
motor Motor
mover* bewegen
mucho viel
muerte (w) Tod
muerto tot
mujer (w) Frau
museo Museum
música Musik
muy sehr

N

nacionalidad Staatsangehörigkeit
nada nichts
nadar schwimmen
nadie niemand
natural natürlich
naturaleza Natur
neblina nebelig
necesario notwendig
necesitar brauchen
negocio Geschäft (Laden)
negro schwarz
nevado Schneeberg
niebla Nebel
nieve (w) Schnee
ninguna keine (Ez)
ninguno keiner
niño Kind
nivel Etage
no nein; nicht
noche (w) Nacht
nombre (m) Vorname
norte (m) Norden
nube (w) Wolke
nuevo neu
número Nummer
nunca niemals

O

o oder
occidente (m) Westen (Region)
ocupado beschäftigt; besetzt
oeste (m) Westen (Richtung)
ofender beleidigen
oficina Büro
ofrecer* anbieten
oír* hören
oler riechen
operador Vermittlung
organizar organisieren
oriente (m) Osten (Region)
oro Gold
oscuro dunkel
otoño Herbst
otra vez wieder, noch einmal
otro noch ein

P

padre (m) Vater
pagar (be)zahlen
pais(aje) (m) Land(schaft)
palabra Wort
palacio Palast
pan (w) Brot
papa Kartoffel; Papst
papá Papa
papel (higiénico) (Toiletten-)Papier
paquete (m) Päckchen
para um zu; für
¿para qué? wofür?
parada Haltestelle
paragua (m) Regenschirm
pared (m) Wand
pareja Ehepaar
pasaporte (m) Ausweis, Pass
pasar passieren
pasear spazieren gehen
pastel Stückchen (Kuchen)
pastilla Tablette
patio Innenhof
patrón Hausherr
paz (w) Frieden
pecho Brust

pedido Bestellung
pedir* bestellen; bitten
pegar schlagen
película Film (Kino)
peligroso gefährlich
pena Schmerz; Strafe
pensar* denken
peor schlechter
pequeño klein
perder* verlieren (Dinge)
perderse sich verirren
periódico Zeitung
periodista (m) Journalist
permiso Erlaubnis
pero aber
perro Hund
persona Person
pesado schwer
pescado Fisch (Essen)
peso Gewicht
pez (m) Fisch
picante scharf
picar stechen
piedra Stein
pieza Stück
pintura Bild
piso Etage
plan (m) Plan
planchar bügeln
planta Pflanze
plata Silber, Geld
playa Strand
plaza Platz
pobre arm
poco wenig
poder* können
policía (w) Polizei
policía (m) Polizist
política Politik
pomada Salbe
poner* legen, stellen
por damit, um zu; wegen, durch
por allá dorthin
por atrás zurück
por eso deshalb, dafür
por lo tanto deshalb
por nada gar nicht
por ningún lado nirgends
porque weil
¿por qué? warum?
por todos lados überall
posible möglich
postal (w) Postkarte
practicar üben
precio Preis
preguntar fragen
preocuparse sich Sorgen machen
preparar vorbereiten
presentar a alguien vorstellen (jmd.)
prestar a verleihen an
prestar de sich leihen von
primavera Frühling
privado privat
probar kosten (probieren)
problema (m) Problem
profesión (w) Beruf
profundo tief
programa (m) Programm
prohibido verboten
pronto bald
propiedad Eigentum
propina Trinkgeld
proponer* vorschlagen
protegar beschützen
próxima vez nächstes Mal
prueba Beweis
pueblo Volk; Dorf
puente (m) Brücke
puerta Tür
puerto Hafen
puntual pünktlich
puro echt

Q

que dass; welche(r, -s)
¿qué? was?
quedarse bleiben
quemar brennen
querer* wollen; lieben
queso Käse
¿quién? wer?
quitarse la ropa ausziehen

R

radio (w) Radiogerät
rápido schnell
raro selten
recibir erhalten
recomendar* empfehlen
recto geradeaus
refrigerador Kühlschrank
refugio Schutzhütte
regalo Geschenk
región (w) Gegend

regresar zurückkehren
regreso, viaje de ... Rückfahrt
reloj (m) Uhr
rentar mieten
repetir wiederholen
repuesto Ersatzteil
respuesta Antwort
rico reich
río Fluss
robo Einbruch, Diebstahl
rogar* bitten
rojo rot
rollo en color Farbfilm
rosa Rose
roto kaputt
rubio blond

S

sábana Laken
saber* wissen
sabroso schmackhaft
sal (w) Salz
salida Ausreise; Ausgang
salir* (de) abfahren (von)
salud (m) Gesundheit
saludar(se) (be)grüßen
sanitario Toilette
sano gesund
satisfecho satt
se man
sección Abteil (Zug)
seco trocken
seguro sicher; Versicherung
semáforo Ampel
semana Woche
semanal wöchentlich
sentado, estar ... sitzen; sich setzen
sentimiento Gefühl
sentir(se)* (sich) fühlen
ser* sein (Verb)
si ob; wenn, falls
sí ja
siempre immer
significar bedeuten
silencio Ruhe
simple einfach
sin ohne
sin embargo jedoch
sino sondern
sobre (m) Briefumschlag
sobre (örtl.) auf, über
sociedad Gesellschaft
sol Sonne
solo allein; nur
soltero ledig
sombra Schatten
sombrero Hut
sonreír lächeln
sostener* halten
suave weich
subir aufsteigen
sucio schmutzig
sudar schwitzen
sueldo Lohn (Gehalt)
sueltos (Mz) Kleingeld, Wechselgeld
suerte (w) Glück
suficiente genug
suiza Schweizerin
Suiza Schweiz
suizo Schweizer; schweizerisch
suma Summe
sur Süden

T

tabaco Tabak, Zigarette
tal vez vielleicht
tamaño Größe
también auch
tampón (m) Tampon
tarde spät
tarde (w) Abend, Nachmittag
tasca Kneipe
té (m) Tee
techo Dach
teléfono Telefon
televisor Fernsehgerät
temblor (Erd-) Erschütterung
temer sich fürchten
temprano früh
tenedor Gabel
tener* haben (besitzen)
tener* frio frieren
tener* ganas Lust haben
tener* hambre Hunger haben
tener* miedo Angst haben
tener* que müssen
tener* sed Durst haben
terremoto Erdbeben
terminal terrestre Busbahnhof
terminar beenden, aufhören
tiempo Zeit; Wetter
tienda Laden
tierra Erde
tocar berühren
todavía noch
todo alles; ganz

tomar nehmen; trinken
tomar una foto fotografieren
tonto dumm
tormenta Gewitter
torre (w) Turm
trabajador Arbeiter; fleißig
trabajar arbeiten
trabajo Arbeit
traducir* übersetzen
traductor Übersetzer, Dolmetscher
traer* (her-)bringen
trago Drink
traje de baño (m) Badeanzug/-hose
tranquilo ruhig
transferencia Überweisung
tratar behandeln; versuchen
tren (m) Zug
triste traurig
turista (m/w) Tourist/in

U

un poquito bisschen
una vez einmal
unico einmalig
universidad Universität
urgente dringend
usar nutzen

V

vacaciones (w Mz) Ferien
vacío leer
vacunar impfen
valer* kosten (Preis)
válido gültig
valle (m) Tal
vaso (Trink-)Glas
vencer* (be)siegen
vender verkaufen
venir* kommen
ver* sehen
verano Sommer
verdad Wahrheit
verde grün
verdura Gemüse
vereda Bürgersteig
vestido Kleidung
vestirse anziehen
viajar reisen
viaje (m) Reise
vida Leben
vidrio Glas (Material)
viejo alt
viento Wind
vino Wein
visitar besichtigen
vivir leben; wohnen
volar fliegen
volver zurückkommen
vomitar sich erbrechen
voz Stimme

Y / Z

y und
ya schon
zapato Schuh

Kauderwelsch Band 2
Ägyptisch-Arabisch
Wort für Wort
Berlinerisch
Kauderwelsch 121
Allemand
Russisch
AusspracheTrainer
digital
Kisuaheli
Wort für Wort
Das ganze Buch auf CD-ROM

Die Autoren

Nancy Silva (Jahrgang 1966) ist Fremdenführerin in ihrem Heimatland Ecuador. Ihre Naturverbundenheit zog sie nach Isabela im Galápagos-Archipel. Dort arbeitete sie vier Jahre mit Naturführern und Reiseagenturen zusammen, bevor sie zurück aufs Festland ging. Heute hat sie im Herzen von Baños die Café-Bar mit Restaurant *El Jardín*.

Wolfgang Falkenberg (Jahrgang 1962) ist Diplom-Geograph. Schon während seines Studiums unternahm er ausgedehnte Reisen auf fremden Kontinenten. Der Autor arbeitete an der Kieler Universität in der Inselforschung, an Meeresforschungsinstituten in Deutschland und Australien und zuletzt freiberuflich für internationale Umweltbüros.

Der Autor schrieb für den Reise Know-How Verlag ein Reisehandbuch über Ecuador.